河出文庫

旅の終りは個室寝台車

宮脇俊三

河出書房新社

旅の終りは個室寝台車

目次

旅の終りは個室寝台車

にっぽん最長鈍行列車の旅

山陰本線８２４列車。

門司を早暁５時22分に発車し、各駅に停車しながら延々五九五・一キロを走りつづけ、終着駅の福知山には23時51分に着く、という列車である。

特急でも急行でもない普通列車、つまり鈍行列車としては、これが日本での最長距離列車で、一八時間二九分という所要時分も最長となっている。

乗ってみたい、と思っていた。

私は汽車に乗るのが好きで、いまでは汽車に乗ること自体が仕事のようになり、あちこちの汽車に乗ったり乗らされたりしているが、自分の好みからすれば鈍行列車に魅かれる。齢をとるにしたがって、そうなってきている。

その鈍行列車の頂点に立つのが山陰本線の８２４列車なのである。

この列車に乗ったことがないわけではない。所用で山陰に出かけた折り、鳥取―倉吉間の三九・八キロに乗ってはいる。しかし、そんな短区間では、８２４列車の味はわからないだろう。五九五・一キロを一八時間半かかって走り通してこそ８２４列車だ。長くさえあればよい、というものではないけれど、長いものを短く切り刻んでは、もったいない。

それで、乗りたい乗りたいと思いつづけてきたのだが、なかなか機会がない。汽車に乗るのが商売になっているから、乗ろうと思えばいつでも乗れそうなのに、乗れない。九州へ行った帰りに一日を費せば乗れるのに、その一日が捻出（ねんしゅつ）できない。つい山陽本線経由の寝台特急や新幹線で帰ってしまう。飛行機で帰ることもある。山陰地方にもしばしば出かけるが、特急「出雲（いずも）」で行ったり、伯備（はくび）線の特急「やくも」で岡山へ抜けたりして、824列車には乗れない。もっとも、山陰に所用があっては門司から福知山まで乗り通すことなどできないわけではある。

そういう824列車であったが、ようやく全区間を乗り通す機会が訪れた。

阿川弘之（あがわひろゆき）氏の随筆に、しばしば「藍色（あいいろ）の小鬼」の愛称で登場し、氏を怒らせたり、氏にからかわれたりしている「小説新潮」誌の編集者がいるが、その藍色の小鬼こと藍孝夫君がやってきた。

「去年の暮に書いていただいた『東京駅　素顔の24時間』が案外に好評でして……」

「案外に、ですか」

「はあ、私はそうも思わなかったのですが、案外に評判がよくて、それで、また何か書いていただこうということになったのです」

「もう、駅のルポはいやですよ。駅に張り込んで、ひとが汽車に乗るのを指をくわえて眺めているのは、つまらない」

「こんどは乗ってくださって結構です」

「汽車に乗せてくれるのですか。それだったら」

というわけで、私は迷わず山陰本線824列車の名を挙げた。ひとつの機会であった。

「私も一緒に行ったほうがいいでしょうか」

営業キロ	列車番号／行先		824 福知山
0.0	門司	発	522
6.3	下関	着 発	530 542
9.8	幡生	〃	548
12.9	綾羅木	〃	553
15.4	安岡	〃	558
18.0	福江	〃	603
20.9	吉見	〃	609
24.8	梅ヶ峠	〃	615
28.2	黒井村	〃	620
30.7	川棚温泉	〃	624
33.4	小串	〃	629
37.9	湯玉	〃	637
40.1	宇賀本郷	〃	レ
43.7	長門二見	〃	646
48.5	滝部	〃	656
52.5	特牛	〃	702
56.2	阿川	〃	708
61.5	長門粟野	〃	715
65.7	伊上	〃	721
70.1	人丸	〃	730
74.6	長門古市	〃	737
78.7	黄波戸	〃	744
84.0	長門市	着 発	751 805
89.1	長門三隅	〃	812
95.5	飯井	〃	レ
99.7	三見	〃	827
105.4	玉江	〃	836
107.8	萩	〃	840
111.6	東萩	〃	848
114.5	越ヶ浜	〃	853
119.1	長門大井	〃	901
123.4	奈古	〃	908
128.0	木与	〃	916
134.4	宇田郷	〃	925
143.2	須佐	〃	936
149.8	江崎	〃	944
155.6	飯浦	〃	952
159.3	戸田小浜	〃	958
169.1	益田	着 発	1010 1027
176.4	石見津田	〃	1036
180.9	鎌手	〃	1044
186.0	岡見	〃	1051
191.0	三保三隅	〃	1057
196.0	折居	〃	1104
200.8	周布	〃	1110
204.9	西浜田	〃	1116
210.3	浜田	着 発	1123 1137
213.9	下府	〃	1144
218.0	久代	〃	レ
220.3	波子	〃	1152
223.1	敬川	〃	レ
224.9	都野津	〃	1208
229.3	江津	着 発	1214 1220
235.6	浅利	〃	1232
240.0	黒松	〃	1238
242.8	石見福光	〃	1242
245.7	温泉津	〃	1247
248.8	湯里	〃	1251
251.7	馬路	〃	1255
254.7	仁万	〃	1300
260.8	五十猛	〃	1307
263.4	静間	〃	1311
266.4	大田市	着 発	1315 1319
269.9	久手	〃	1323
272.1	波根	〃	1327
279.6	田儀	〃	1337
283.5	小田	〃	1342
290.1	江南	〃	1350
294.2	知井宮	〃	1355
299.0	出雲市	着 発	1401 1410
304.5	直江	〃	1429
310.6	荘原	〃	1445
314.7	宍道	〃	1454
319.1	来待	〃	1500
325.1	玉造温泉	〃	1507
329.0	乃木	〃	1513
331.7	松江	着 発	1518 1523
338.3	東松江	〃	1531
341.4	揖屋	〃	1536
347.0	荒島	〃	1543
351.8	安来	〃	1550
360.6	米子	着	1600
360.6	米子	発	1611
365.4	伯耆大山	〃	1618
370.9	淀江	〃	1625
374.8	大山口	〃	1632
378.9	名和	〃	1637
380.0	御来屋	〃	1650
385.9	下市	〃	1658
388.1	中山口	〃	1702
392.3	赤碕	〃	1707
396.0	八橋	〃	1712
397.8	浦安	〃	1716
403.5	由良	〃	1732
408.4	下北条	〃	1744
413.5	倉吉	着 発	1751 1754
419.0	松崎	〃	1801
424.7	泊	〃	1811
430.8	青谷	〃	1819
436.0	浜村	〃	1836
438.9	宝木	〃	1842
444.0	末恒	〃	1849
449.1	湖山	〃	1855
453.3	鳥取	着 発	1901 1925
464.5	福部	〃	1941
468.8	大岩	〃	1948
471.7	岩美	〃	1953
476.1	東浜	〃	1959
479.4	居組	〃	2010
483.8	諸寄	〃	2016
485.7	浜坂	着 発	2020 2044
491.8	久谷	〃	2054
496.4	餘部	〃	2101
498.2	鎧	〃	2105
503.6	香住	〃	2121
507.9	柴山	〃	2132
510.2	佐津	〃	2136
517.6	竹野	〃	2146
525.6	城崎	着 発	2156 2156
529.9	玄武洞	〃	2207
535.2	豊岡	着 発	2214 2229
541.2	国府	〃	2236
544.9	江原	〃	2242
552.4	八鹿	〃	2251
559.4	養父	〃	2258
564.6	和田山	着 発	2305 2307
568.0	梁瀬	〃	2313
573.8	上夜久野	〃	2323
581.2	下夜久野	〃	2332
588.4	上川口	〃	2342
595.1	福知山	着 発	2351 …

日本交通公社『時刻表』
昭和56年11月号より

と藍君が言う。

「………」

私は考えこんだ。

門司から福知山へ行くのに一八時間半もかかる鈍行を利用する客など、いないに決っている。夜行ならとにかく、門司発5時22分、福知山着23時51分というダイヤである。こんな列車に通しで乗る客がいるとすれば、私のような、まともでない連中だけだろう。藍君が一緒に乗ってくれたとしても、途中でうんざりしてくるにちがいない。そうなれば気の毒であるし、こっちだって気を遣ってしまう。それに、ご覧のとおりの正直な人柄(ひとがら)である。つまらない列車ですね、などと言い出されたら、自分のことのように腹を立てるかもしれない。

「退屈しますよ、きっと。それでよかったら」

と私は言った。乗らないほうがいい、と言外に含めたつもりであったが、藍君は、

「では、ご一緒させていただきます」

と言って帰って行った。

一一月三日（昭和五六年）、東京発17時48分の新幹線で出かけ、姫路(ひめじ)から寝台特急「あかつき3号」に乗継いだ。この列車の門司着は5時04分で、5時22分発の８２４

列車に乗るには都合がよいのである。藍君は、ひと足はやく前日の飛行機で福岡へ飛び、いくつかの仕事を終えたあと、下関（しものせき）で落ち合う約束になっている。私は持参の目覚し時計をセットしたうえ、車掌にも起こしてくれと頼んだ。

「あかつき3号」は、定刻5時04分、門司に着いた。夜明けまではほど遠く、蛍光灯（けいこうとう）のみ虚（むな）しく明るいホームに降り立ったのは私と、あと一人だけであった。

８２４列車は、人けのない門司駅の2番線に停車していた。古びた「客車列車」である。

鈍行列車にもいろいろ種類があって、電車やディーゼルカーもあれば「客車列車」もある。客車列車とは妙な用語で、客を乗せる列車のすべてを指しているかの如（ごと）くだが、これは機関車によって牽引（けんいん）される列車のみに限定して使われる。

電車やディーゼルカーの時代に入っていらい、効率のわるい「客車列車」は淘汰（とうた）されつつある。機関車のつけかえに手間はかかるし、速度も、電車やディーゼルカーにくらべると遅く、すでに時代遅れとなっているからだが、「鈍行列車」のイメージにぴったりくるのは、この客車列車なのである。

それにしても、なんと古めかしい列車であろう。国鉄の車両の耐用年数は約二〇年とされているが、それを越えたものばかりがつながっている。

編成は、つぎの下関まで牽引する関門海底トンネル専用の電気機関車を先頭に、最初の二両が長門市行、三両目から六両目までが福知山行、あと二両が郵便車と荷物車の計八両であるが、福知山まで行く四両の銘板を見ていくと、昭和一五年製、二一年製、二七年製、三〇年製となっている。私は「田中車輛　昭和15年」の銘板のある、もっとも古いのに乗ることにした。他の車両の塗色が青であるのに対し、これだけは昔なつかしいエビ茶であった。

　門司から乗る客は、きわめて少なく、一両目はゼロ、二両目は中年の男性が一人、三両目は私だけ、四両目に行商のおばさんが二人、といった状態であった。しかも、行商の二人は発車のベルが鳴り始めると荷物を背負って降りた。門司着4時46分という下りの631列車があるから、毎日これで来ては824列車を待合室がわりにして時間をつぶしているのであろう。

　5時22分、824列車は定刻に門司を発車した。「お待たせいたしました。この列車は……」と車掌が無人の車内に向って丁寧な口調で放送する。

　関門トンネルを抜けると、裸電球が線路を照らす下関駅の構内で、町も駅も、まだ眠っている。

　その下関から藍君が乗ってきた。

　下関では一二分間停車する。その間に電気機関車を切り離し、山陰本線用のディーゼル機関車を連結するのであるが、それにしても一二分停車とは長すぎる。

だいたい、この824列車は長時間停車を平気でやる。時刻表を見ると、やや大きな駅に着くたびに一〇分や一五分は停車する。小さな駅でも一〇分ぐらい停車するのがいくつかある。鳥取や、その先の浜坂のごときは、それぞれ二四分も停車する。特急や急行に抜かれたり、対向列車とすれちがったりするためであるが、他の列車の迷惑にならないように肩をすくめてダイヤの隙間を縫って走るようなところが、この列車にはある。

しかし、嬉しいことにホームの立食ソバが開いていて、閑散とした駅のそこだけに客が集っていた。もっとも、客と言っても食べているのは国鉄の職員ばかりで一般客はいない。最近、こうした光景をよく見かける。売る方は国鉄の外郭団体である鉄道弘済会、買う方は国鉄職員、そのうち、肝心の列車に乗るのも国鉄関係者と鉄道ファンだけになるのではないか。こういうのが自給自足の範疇に入るのかどうか知らないが、どうも、そんな悪い予感がする。

それはとにかく、私たちは眼を見交しただけで意気投合し、さっそく天ぷらソバを注文した。

ソバを食べていると、ガチャンと機関車が連結される。ベンガラ色に塗られたDD51型のディーゼル機関車で、前後にエンジン、中央部が一段高い運転席という凸の字を平たくしたような構造であるが、それだけに飾り気のない逞しさがある。

「あれは何ですか」

と藍君が言う。

「何ですかって、機関車です」

「それはわかってますが、変な格好をしてますね」

「ディーゼル機関車は、みんなああいう型です」

「電気機関車じゃないのですか」

「山陰本線は電化されていません。線路も単線です」

「そうですか、驚いたなあ」

「何が？」

「だって、山陰本線は幹線なんでしょう」

「名目上は幹線でも、まあローカル線を長くしたようなもので、いわば偉大なるローカル線ってところですな」

偉大なんて言葉が飛びだしたので、これはもうついて行けないと思ったのか、藍君は黙ってしまった。それにしても「藍色の小鬼」とはよく名付けたものだと思う。ご本人は「小」が気に入らないらしいが、この「小」がじつに利いている。

下関のつぎの幡生で高校生が一人乗ってきた。この車両でははじめての客である。あたりはまだ暗い。東京なら明るくなっている時刻だが、山口県と東京とでは日の出の差が約三〇分ある。それでも、六時を過ぎると、右の空が薄明るくなり、山の稜線が見えてきた。

6時09分、吉見で下り列車とすれちがう。「通商人組合員乗車指定車」の標板を乗降口に掲げた車両が四両か五両つながっていて、車内は行商のおばさんたちで満員である。沿線の漁村から北九州方面へ売りに行くのであろう。風呂敷を開いて荷の整理をしている人がいる。魚の干物を相手に渡している人もいる。帳面を開いて何やら書きつける人、電卓を叩いている人、車内は取引きの場でもあるらしい。とにかく、見ただけで臭気が漂ってくるような列車である。

「あっちのほうが面白そうだなあ」

と藍君が言う。８２４列車より面白い列車があっては困るのだが、肯かざるをえない。いずれ乗らねばなるまいと思う。

夜の気配は消え失せ、列車は白波の立つ響灘の海岸に沿ったり離れたりしながら走る。

駅ごとに男女の高校生が乗ってきて席がふさがっていく。この先で高校のありそうな町は長門市で、7時51分着となっている。まだ七時前だから、なかなかの長距離通学だ。5時48分発の幡生から乗った高校生も坐ったままである。幡生に家があるのなら下関か小倉に通えばよいだろうに、父親が転勤でもしたのだろうか。

「特牛」という小駅がある。これは「こっとい」と訓む。地名駅名の訓み方はむつかしいが、特牛は国鉄の数ある難読駅名のうちの代表格で、牛の古語コトヒからきたとも言われる。そんなことを、早くも退屈しかけてきた様子の藍君に説明していると、突然、

「福知山まで、いくつ駅があるのですか」

と私に質問する。

824列車に乗りたがってはいたが、いくつの駅に停車するのか数えてみたことはなかった。それで、

「一〇〇ぐらいあるかな」

と、いい加減な返事をした。

「うわあ、そんなにあるのですか」

と藍君は嘆息し、時刻表を開いて数えはじめた。

「一二五もあります、下関から福知山まで

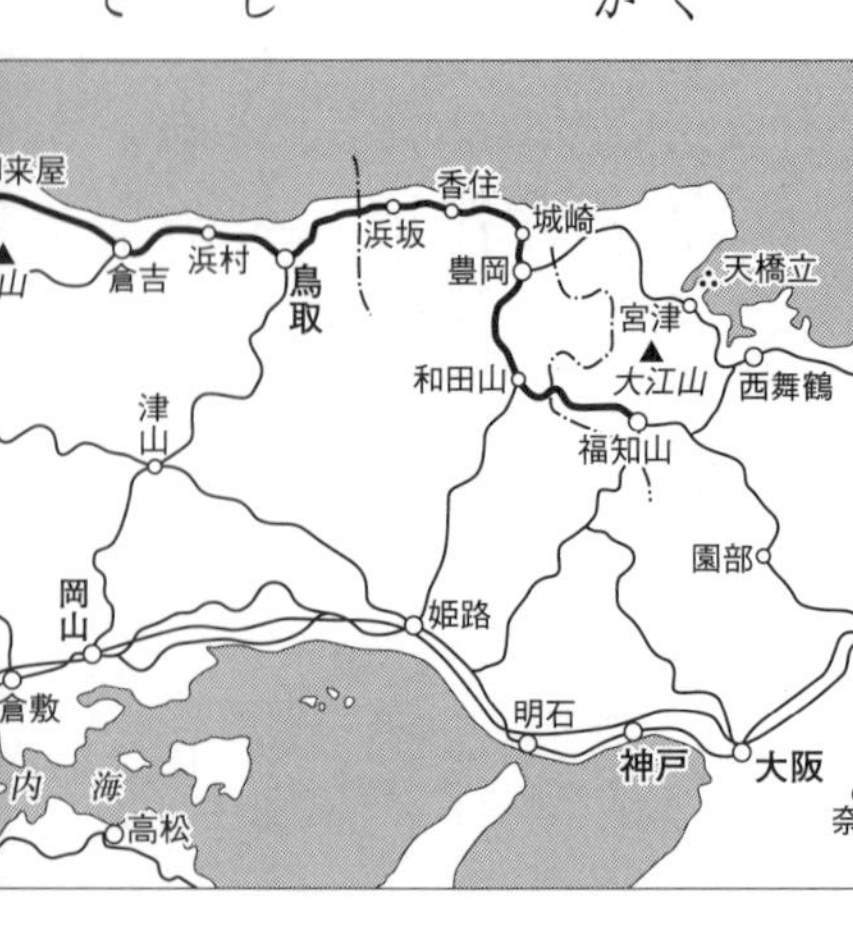

で」

「四つばかり通過する駅があるけど、それを入れて？」

「いいえ、省いてあります。それで一二五です」

　824列車は鈍行であり各駅停車ではあるが、わずかな例外があって、四つの駅だけは通過する。これらの駅は戦後、万事手軽なディーゼルカーが登場してから設けられた小駅で、客車列車は停車しない。せめてもの貫禄であろうが、私は、

「いっそ、全部の駅に停ってくれたほうがすっきりするんだがなあ」

と言った。藍君はそれには答えず、

「この駅までで、まだ一四か」

と、ひとりごとのようにつぶやいて、眼をつぶった。

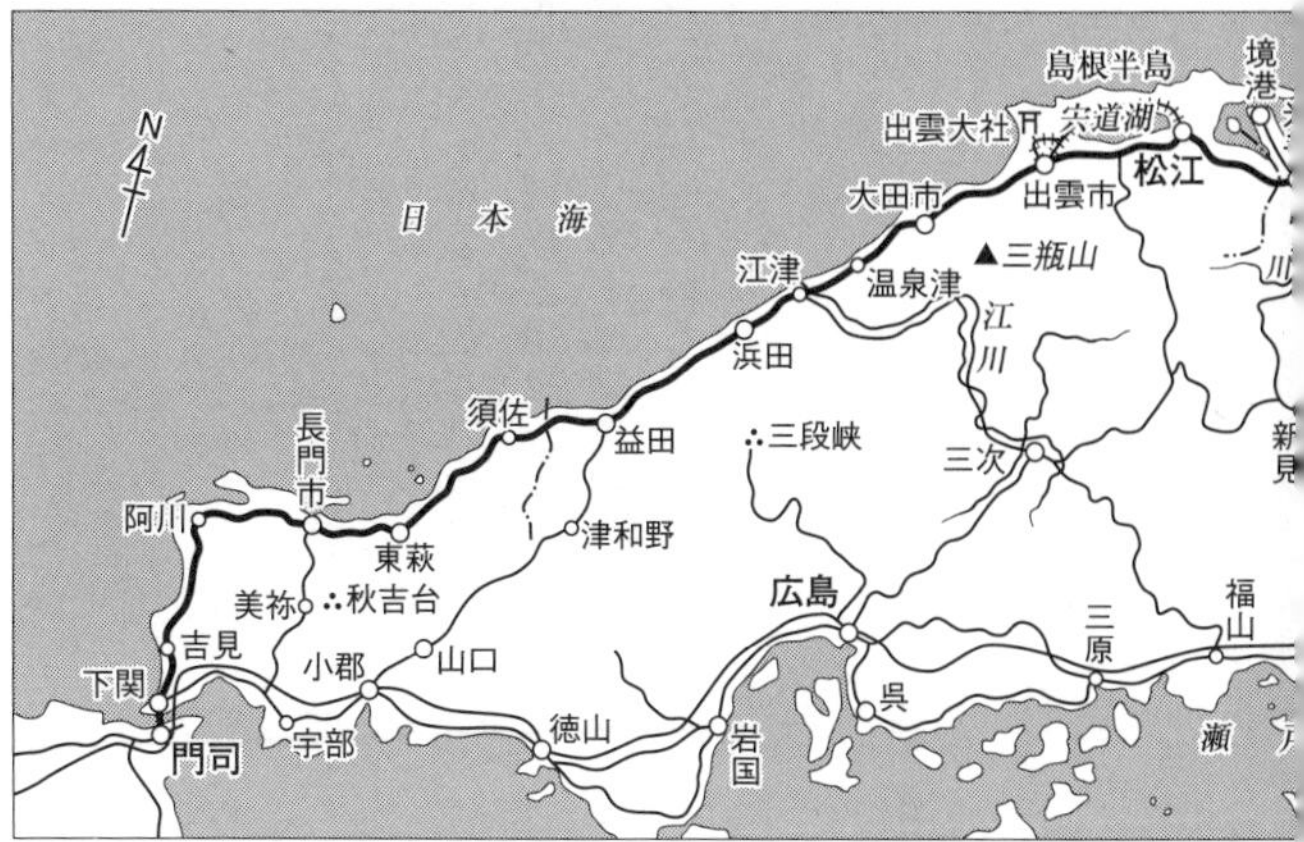

特牛のつぎは阿川（あがわ）である。ここでは「小鬼」の命名者阿川弘之氏を思い出さざるをえない。

「どうですか、阿川駅の印象は？」

と私は訊（たず）ねた。

「阿川という駅があることは阿川さんから聞いていましたが、こんな駅ですか。なんだか、つまんないところだなあ」

松の山を背負った小ぢんまりした駅で、とくにつまらないとも思わないが、その阿川からも、たくさんの高校生や中学生が乗ってきて、座席がほとんどふさがった。長門市には学校がたくさんあるらしく、制服もさまざまである。緑色のロングスカートの女子中学生や海軍士官のような帽子をかぶった高校生もいる。これは「水産」のバッジをつけていた。

長門市が近づくと、車掌が、

「一四分停車いたします。浜田、松江、米子（よなご）方面へお急ぎの方は7時54分発の米子行急行『ながと』にお乗りかえください」

と放送する。時刻表を見ると、米子着は急行「ながと」が13時13分、わが８２４列車は16時00分となっている。

左窓に青海島（おうみしま）と仙崎（せんざき）漁港の家並みを望んで、7時51分、カマボコ工場の目立つ長門市に着いた。

長門市で先頭の二両を切り離し、身軽になった824列車は、入り組んだ海岸線に沿って走っている。

きょうは風が強いのか、それとも、すでに冬型の気象に入ったのか、海面に白波が立っている。穏やかな日ならば波打際の砂利や岩礁が透けて見えるきれいな海なのだが、きょうは荒々しくかきまわされている。

晴れていたはずの空も、いつのまにか灰色の雲で埋めつくされ、その陰気な空の下に点々と島影が見える。萩市に属する六島諸島で、このうち二つは無人島だという。

「私、しばらく寝ます」

と言って藍君は向う側に席を移した。

萩の町を左窓に眺めながら、その外縁をぐるりと半周し、東萩を過ぎると、また海岸に出る。突き出た岩に根を下ろした松が波しぶきを浴びている。カラスがいる。トンビが民家の庭先に下りて餌をあさっている。

私も眠くなってきた。

奈古、木与、宇田郷、須佐など、景色のよいところを知らずに過し、眼を覚ますと、車掌が前のボックスにぼんやりと坐っている。

私はこの列車の車両運用について車掌に訊ねた。

A駅からB駅へ行った列車はB駅からA駅へ戻ってくるのが車両運用の一般である。もうすこし複雑になってA↓B↓C↓B↓A、あるいはA↓B↓C↓B↓D↓B↓Aというのもあるが、いずれにせよ、A駅へ戻ってくる。私は時刻表の愛読者であるから、そうした車両運用はだいたいわかるのだが、この824列車が福知山に着いたあと、どのように使われるのか、時刻表をいくら眺めても見当がつかないのである。ふつうならば、翌朝5時ごろに福知山を発車して門司に夜遅く戻ってくる列車があり、これだなとすぐわかるのだが、824列車には、その対になる列車がない。福知山に着いたあとが行方不明なのだ。福知山に老朽列車の処理場でもあって、運んでは捨て、運んでは捨てているわけではないだろう。

824列車と対をなしているのではないかと推定される列車はある。福知山より六〇キロ手前の豊岡を5時04分に出て22時55分に門司に着く831列車で、これが824列車に次ぐ長距離鈍行である。しかし、福知山から豊岡までのスジが見つからない。どうでもいいことだが、私にとってはどうでもよくないのである。

「この列車の所属は出雲市で、きのうの829で下関へ下って、けさの631で門司、それから824で福知山へ向っているわけです」

と車掌が説明してくれる。それだけ聞けば謎が解けそうだが、車掌は、

「私は浜田と門司との間の勤務なので、福知山から先のことはわかりません。益田に着いたらカギを調べてきます」

と言った。「カギ」とは車両運用ダイヤのことで、手鉤のような形の図で示されている。

益田着10時10分、一七分停車。ここで「かに寿し」を買う。ソボロだけでなく、細いながら脚の形をしたムキ身が何本かのっている良心的なかに寿しであった。

それを藍君と二人で食べていると、「お食事中恐縮ですが」と車掌が紙片を手にしてやってきた。見ると、車両運用ダイヤが定規を使ってきれいに書かれている。こちらこそ恐縮であるが、これで判明した。

第1日＝出雲市→下関、第2日＝下関→門司→福知山、第3日＝福知山→浜田、
第4日＝浜田→米子→出雲市

というのが、この列車の車両運用なのであった。老朽車両をずいぶんと小まめに使いこなしている。

すでに山口県から島根県、つまり長門から石見に入っていて、益田を過ぎるあたりから石州瓦が目立ってきた。光沢のある赤褐色の瓦である。「赤褐色」では言い尽せない、もっと渋くて艶めかしい、いい瓦で、これを見るたびに、ああ石見に来たなと

思う。

白い漁船が数隻繋留された小さな漁村がある。石州瓦の家々が軒先を重ねるようにして肩を寄せ合っている。わずかな空地に火の見櫓が立ち、その下で子どもたちが遊んでいる。亡くなった谷内六郎さんの絵を見る思いがする。

11時23分、島根県第一の漁港、浜田に着く。一四分停車で、その間に出雲市行の特急「おき2号」に追い抜かれる。ホームに立って、入ってきた「おき2号」をぼんやり眺めていると、自動扉が開くやいなや、売店目がけて乗客が猛然と突進してくる。そして、何やら買いこむと、私の背中にドンと当って車内へ駆けこんだ。どうも特急列車の客は、あわただしくていけない。

８２４列車は、特急に抜かれたことなど、われ関せずと走り出す。この列車、いったん走り出すと、なかなかのスピードで快走する。通路のはずれにベンガラ色のＤＤ51の鼻づらが見えていて、それが上下左右に揺れながら老朽客車を引っ張っている。けれども、たちまち駅が現れる。小駅に停車すると真昼の静寂がやってくる。聞えてくるのは波の音だけ、という折居のような駅もあった。

江津で水量豊かな江川を渡り、温泉津では、浅原才市の墓のある安楽寺を線路際にかすめる。才市は下駄職人をしながら、

「ままをたべるのも　あみだぶつ　みちをあるくのも　あみだぶつ」

というような詩をカンナ屑に書きつづけ、鈴木大拙をして親鸞思想の実践者ありと感嘆させた人で、昭和七年、八三歳で亡くなっている。そういえば、この列車の響きと揺れかたには「あみだぶつ」を唱えているようなところがある。

石見銀山の入口、大田市を13時19分に発車すると、まもなく石見と出雲との国境を過ぎる。八時間にわたってつき合ってきた海が大きな弧を描いて日御碕へと遠ざかり、出雲平野が開けてくる。四角に刈りこんだ築地松の農家が点々と見えはじめ、屋根の色も黒に変って、14時01分、出雲市に着いた。

この出雲市から松江を経て米子にいたる約六〇キロの区間は山陰本線の中枢部で、列車の運転本数が多い。一部は複線化され、電化工事も進んでいる。新幹線が昭和四七年に岡山まで延長されていらい、岡山から伯備線を通って山陰本線へ乗り入れる特急「やくも」が続々と走り始め、ますます賑やかになった。現に出雲市始発の「やくも10号」が隣の2番線に停車している。

運転本数が多いので、この区間は行きちがいや待避も多い。列車ダイヤ作成にとっては苦心を要し、時刻表愛読者にとっては興味津々の区間であるが、ここでの824列車は惨めだ。

まず、出雲市のつぎの直江という小駅で側線に入れられて一三分停車する。その間に特急「やくも10号」に抜かれ、特急「まつかぜ1号」とすれちがう。ようやく発車すると、またつぎの荘原（しょうばら）でも一〇分停車して「まつかぜ4号」に抜かれる。この「まつかぜ4号」の福知山着は19時15分、こちらは23時51分である。

ところで、藍君であるが、なんだかおとなしくなってきたようだ。諦（あきら）めたのか悟ったのか疲れたのか、それとも８２４列車のペースに巻きこまれたのか、浜田での「これだけ乗っても、まだ午前中なんですねぇ」を最後に、感想を漏らさなくなった。

島根半島の青黒い山々を眺めながら宍道湖（しんじこ）の岸辺をしばらく走ると、線路がせり上って、真新しい高架駅の松江に着いた。新幹線の駅に似ていて８２４列車に似つかわしくないが、客はたくさん乗ってきた。

夕暮が迫るにつれて、時間の経（た）つのが早くなってきたようだ。朝にくらべると感度が鈍ってきたのであろう。

米子着16時00分、一一分停車。その間を利用して藍君は福知山駅前のビジネスホテルに予約確認の電話をかけている。23時51分の列車で着くと言って申込んだら、そんな時間に本当に来るのかと幾度も念を押されたのだそうである。

電話をかけ終った藍君は立食ソバ、私は「牛肉べんとう」を買った。私が包みを開いて食べはじめると、「そっちのほうがよかったなあ」と藍君が言う。

　ちょうど高校の下校時で、米子では二両増結したが、通路まで高校生が立った。しかし、三つ目の大山口から続々と下車して、ふたたび車内が静かになる。右窓には大山が雲をかぶっている。

　御来屋で急行「美保」に抜かれ、由良で寝台特急「出雲2号」に抜かれ、浜村で特急「おき4号」に抜かれる。そのたびに一〇分ずつ停車する。

　日が暮れてきた。鄙びた駅に灯がともりはじめた。

　湖山池の水面に映る灯を見て、19時01分、鳥取に着く。ここで二四分停車する。

　鳥取は駅前のすぐ右手に温泉が湧いている。できれば停車時間を利用してひと風呂浴びたいものと、出発前に調べてみたが、駅の近くに共同浴場はなかった。しかたがないので、温泉場を二人で散歩し、帰りに日本酒を買った。藍君はあまり酒を飲まないらしいが、私にとっては飲みたい時刻である。

　暗闇のなかの小駅に停るたびに鳥取からの客が降りて、浜坂に着くと、客は私たちを含めて三人に減った。浜坂でも二四分停車し、この間に寝台特急「出雲4号」に抜かれる。これが最後の追い抜かれで、計七本になる。

　鳥取では散歩したために駅弁を買い損ねたし、20時20分着の浜坂では、もう駅弁を売っていなかった。

　私たちは改札口を通って、深夜のように暗い駅前へ出た。ほとんど店は閉っていたが、さいわい、暖簾を下ろしかけている一軒のすし屋があり、折詰を手に入れることができた。

浜坂のつぎの久谷で、下りの鈍行客車列車とすれちがう。あちらもガラ空きなのだが、こちらに面した窓際に若い女性が二人坐っている。空いた列車の客同士であれば親近感を覚えるし、飲んで人恋しくなってもいる。無遠慮に眺めていると相手も気がついて、こっちをチラと見ては膝を突っつき合って笑っている。この女性の一人は発車するとき、私たちに手を振った。からかわれたのかもしれないが、わるい気持はしなかった。だんだんおかしくなってきた。

空いた列車では誰もが人恋しくなるのか、車掌が話しかけてきた。鳥取から福知山まで乗務する寺岸重夫さんという若い車掌さんであった。いろいろ話をしたが、すでに朦朧としていたので、ほとんど覚えていない。ただ、

「夏休みになると、この列車で門司から福知山まで乗り通す鉄道ファンを、ときどき見かけます。しかし、みんな若い人ばかりで、中年のお客さんは、きょうがはじめてです」

と言われたのは覚えている。

城崎から、温泉旅館に通勤しているらしいおばさんの一群が賑やかに乗りこんでき

た。けれども、二つ目の豊岡で降りて、客は私たち二人だけの状態に戻った。

一五分停車して豊岡を22時29分に発車した。終着の福知山までは、あと一時間二二分である。

そのときではなかったかと思う、藍君がポツリと、こう言ったのは。

「なんだか名残り惜しくなってきました、この汽車が」

小鬼の目にも涙。824列車、もって瞑すべしであろう。

東京―大阪・国鉄のない旅

去年の秋、「にっぽん最長鈍行列車の旅」という題で、山陰本線824列車の乗車記を「小説新潮」に書いた。同行してくれたのは、阿川弘之氏の随筆に「藍色の小鬼」の愛称で登場する若い編集部員の藍孝夫君であった。

藍君は鉄道好きではない。休日になると愛車のハンドルを握ってドライブに出かけるクルマ派である。つまり私の敵、というほどではないにしても、好みを異にしている。だから、

「クルマを運転していたら、まわりの景色を眺めることができないでしょう」

と言えば、

「いや、けっこう見えますすよ」

と心外そうに答えるし、

「お宅の玄関のところにクルマが置いてありますが、あれは誰が運転するのですか」

「女房です」

「ご自分では運転しないのですか」

「しませんよ」

「ぼくは、汽車よりクルマのほうが好きだなあ」

というぐあいで、意気投合にはならない。

そんな藍君が某日やってきて、

「また、どこかへ行きませんか」

と言った。

どこかへ行くのは好きである。自分の家にいるのがイヤだというわけではないけれど、近所のスーパーから海外旅行にいたるまで、外出一般について人一倍好きである。わけても鉄道に乗るのが好きで、それが昂（こう）じた結果、鉄道旅行屋の看板を出すに至っている。どこかへ行けと言われれば、あの線のあの列車に乗ってみようか、という方向へ心が動く。相手も、それ以外のことを私に求めない。

「乗ってみたい汽車は、いろいろあるけれど……」

「どんな汽車ですか」

「山陰本線に乗ったとき話したと思うけど、あの線の滝部（たきべ）という駅を朝の3時27分に発車する列車がある」

「ああ、日本でいちばん朝早くに出る始発とかいうやつですね」

「下関（しものせき）や門司（もじ）へ魚を運ぶカツギ屋のおばさんばかり乗るらしい。あれに乗ってみたい」

「なるほど。それから？」

「門司港から長崎までの夜行列車にも乗りたい」

「あんな短い距離でも夜行があるのですか」

「あるのです。ただ、まともに走ると早く着きすぎるので、あちこちの駅でノンビリ停(とま)って時間をつぶす。それでも、ちゃんと寝台車がついています。そのほかにも、まだいろいろある」

「おもしろそうですね」

「そんなこと言ったって、山陰本線の鈍行では、だいぶ退屈していたじゃないですか」

「いえ、私がおもしろがるという意味でなくてですね……」

そうであった。彼にとっては仕事なのだ。つい勘ちがいしていたと私は苦笑した。

こういうときは、相手も笑みをうかべるのがふつうである。けれども藍君は笑わない。小鬼だから可愛気(かわいげ)はあるが、鬼だから笑ったりはしない。あらためて「藍色の小鬼」とは名づけて妙だと感心した。

「おもしろそうではありますし、いずれはそういう汽車に乗っていただいてもよいのですが」

と藍君はつづける。

「そのまえに、こんなのはどうでしょうか」

「なんですか」

「つまり、国鉄を使わずに東京から大阪まで行ってみるとか」

「というと、新幹線も在来の東海道本線も不可、国鉄バスもダメということですな」

「そうです」

私にとっては意地のわるい注文である。国鉄だけに乗りたいわけではないけれど、私鉄を乗りついで大阪へ行こうとしても、小田原から豊橋までは線路がつながっていない。私はまた苦笑した。しかし藍君は笑わない。

「かといって飛行機では話にならないし、藍君の運転で東名高速をつっ走ろうというわけですか」

「いえ、マイカーやタクシーは使わないのです」

「私鉄とバスを乗りついで行くのですか」

「そういうことです」

ご趣旨はわかった。そんな大阪への行き方をしてみるのも、たまにはおもしろそうである。

けれども、そうやって大阪まで行ってみて、それがどうしたのだ、という気もする。だから、

「なにか意味があるのかなあ」

と私は言った。しかし藍君は、

「意味がなくてはいけませんでしょうか」

と平然としている。

たしかに、私が意味があるとかないとか言うのはおかしいのであって、意味のない鉄道旅行をやたらにしてきたから、変な奴だと珍しがられて私のところに編集者と注文がやってくるという経緯になっている。平和とか文化とか満腹とか退屈とかいうものは、そうした余得をもたらしてくれるのかと、ありがたく思ってはいるけれど、意味のなさにも程度はあるだろう。それで、

「いっそのこと、旧東海道の五十三次をテクテク歩くというのなら……」

と言いかけると、

「それ、おやりになる気がありますか」

と藍君が身を乗りだした。

よし、やりましょうと答えれば論旨明快、固い握手、前途を祝しての乾杯から一献数献となって、その晩に関するかぎり非常に気分がよくなること確実なのであるが、

ここは注意一秒怪我(けが)一生、ぐっと堪(こら)えて、

「助けてくれ、とてもできません」

と私は答えた。傍(かたわ)らに美人編集者などいたら、どう転んだかわからないところで、思えば危ない橋であった。

そういう危ない橋を渡ると、あとはどうでもよくなるもので、けっきょく、意味も意義も不分明なままに東海道非国鉄旅行をやることになった。

ところで、東京から大阪まで私鉄と民営バスを乗りついで行くには、さまざまなルートがある。

もちろん私としては、できるだけ私鉄を利用し、私鉄のない区間だけバスを使うという方針で行きたいが、それでも、いろいろなルートが考えられる。

まず、新宿から小田原までの小田急、豊橋から名古屋までの名鉄、名古屋から大阪までの近鉄の三線は動かないところだが、問題は小田原から豊橋までで、この間にいくつかの中小私鉄がある。小田原―強羅(ごうら)間の箱根登山鉄道、岳南江尾(がくなんえのお)―吉原(よしわら)間の岳南鉄道、新清水―新静岡間の静岡鉄道は有効に利用できそうであり、金谷(かなや)―井川(いかわ)間の大井川鉄道や新浜松―西鹿島(にしかじま)間の遠州鉄道なども眼(め)につく。できればこの際、それらの全部に乗ってみたい。

このうち、大井川鉄道と遠州鉄道は南北に走る鉄道で、東から西へ向おうとする場合は利用価値がないかに見えるが、しかし、南北といっても経度線上に一直線に敷かれているわけではないから、上りか下りのどちらかに乗れば、すこしは西へ移動できる。

私は地図帖を開いて定規を当て、

「大井川鉄道の井川から金谷まで乗れば、約八キロは西へ行けます」

などとやりだした。

「その井川というところから金谷まで、どのくらい時間がかかりますか」

「井川から千頭までは軽便鉄道で、千頭で乗りかえるから三時間ぐらいかな」

「三時間も乗って、たったの八キロですか」

「だけど、この線はすごく景色がいい。大井川の崖っぷちをすれすれに走ったり、高い鉄橋を渡ったりします。黒部峡谷の鉄道に似ています」

「ちょっと乗ってみたいですね」

「大井川鉄道に乗るなら寸又峡で温泉に入って泊りましょう」

「いいですね」

大阪へ行くのが目的なのか、東海道の私鉄乗りまくりが目的なのか、あるいは単なる観光なのかわからなくなってきたが、その日は、そこまでで別れた。

けれども、藍君が帰ってしまうと、たちまちバカらしくなってきた。お互いに掻き回し合った結果、愉快な案へと落着したように思ったけれど、考えてみれば、東京から大阪へ行くのに大井川の谷へ分け入ったりするのは、やはりおかしい。すっきりと大阪を目指すべきではないか。新幹線の長期運休という事態が発生しないともかぎらないし、国鉄の大改革を前にして無期限ストに突入することもありうる。そのときに備えて東京―大阪間の非国鉄旅行を実験しておくのは意味がある。

こじつけの気味はあるが、私としては合点するところがあったので、さっそく藍君に訂正を申し入れた。

「おやおや、大井川鉄道はダメになりましたか」

と藍君はガッカリしたような声をだした。寸又峡で温泉につかる気分になっていたのかもしれない。

気の毒ではあるけれど、大井川はまたの機会に譲るとして、今回は一目散に大阪を目指すことにしよう、そう決めましょうと私は言った。

そうと決れば、ひたすら大阪へ向って急ぎたい。東京を朝発ってその日のうちに大阪へ着いてみたい。私鉄と民営バスだけを使ってその日のうちに大阪へ到着できれば大いに意義がある。だいたい新幹線で三時間一〇分というのは速すぎるのであって、丸一日ぐらいが妥当なところではないか。

と、私ひとり意気が揚ってきた。

「一日で大阪まで行けるでしょうか」

と藍君が言う。

「朝早く小田急で出発して、小田原から先は中小私鉄を無視して沼津、静岡、浜松と快速バスを乗りついで行けば、夕方には豊橋まで行けるでしょう。豊橋へ六時半までに着ければ、あとは大丈夫だから、なんとかなりそうな気がする」

「そうですか。それならいいんですが、もしうまくいかなくて途中で一泊したり、タクシーを使う羽目になったりすると中途半端(はんぱ)になりますが」

「そう言われると心配になってくるけれど、まあ大丈夫でしょう」

「バスの時刻はわかりませんか」

「時刻表にはほとんど載っていないので、いまのところわからない」

「そうですか」

と藍君は不安そうである。

じっさい、私の愛読書である交通公社の「時刻表」は、こういう場合、役に立たない。なにしろ「国鉄監修」と表紙に大きく刷りこんであるくらいで、民営の交通機関はひどく虐待されている。とくにバスとなると観光地関係のみと言ってよく、地元の人が日常的に利用する路線については、ほとんど掲載されていない。

この時刻表のほかに弘済出版社発行の「大時刻表」という、その名のとおり交通公社版よりひとまわり大きいのがあり、これには「国鉄監修」の文字はなく、民営欄も若干くわしいのだが、それも若干の域にとどまっていて、やはり役に立たない。

どの程度に役に立つか立たないかを交通公社版で示すと、まず新宿からの小田急の場合、ロマンスカー以外は始発・終電の時刻だけで、あとは「この間、普通5～15分毎(ごと)　急行新宿発601→2335、15～30分毎」とあるのみだ。

小田原から沼津へかけては箱根という大観光地なので、「この間10～30分毎」とか「30～60分毎」という抄録ではあるが比較的くわしく、小田原から元箱根、さらに沼津へとバスを乗りつぐ場合、うまくいけば二時間半、最悪でも三時間半で沼津まで行けるという見当はつく。

ここまではよいのだが、沼津から静岡までのバスの時刻は載っていない。「大時刻表」にもない。あるのは国鉄の東名ハイウェイバスだけである。これに乗るわけにはいかない。

静岡から浜松までのバスも巻頭の「索引地図」になく、諦(あきら)めかけていたところ、たまたま「浜名湖・館山寺(かんざんじ)温泉(おんせん)・方広寺(ほうこうじ)」の欄に掲載されているのを発見した。なぜこの欄に入れたのか腑に落ちないが、とにかく載っていて、遠州鉄道と静岡鉄道のバスが一時間間隔で交互に運転され、東名高速経由、一時間半で結んでいることがわかった。

つぎに、浜松―豊橋間である。

浜松は人口五〇万、天竜川の水に恵まれた工業都市で、県庁所在地の静岡を凌ぐ活況を呈している。いっぽう豊橋も人口三〇万、名古屋に次ぐ愛知県下で第二の都市である。この両市間の距離は、わずか三五キロ程度であるから頻繁にバスが運転されているにちがいない、と考えるのは常識であろう。

しかし、時刻表に浜松―豊橋間のバスは載っていない。掲載されているのは浜名湖周辺の観光地を結ぶ路線と新居町―豊橋間の国鉄バスだけである。

そういう次第で、沼津―静岡間と浜松―豊橋間のバスの時刻がわからない。

わからないけれど、その不明の間を結ぶ静岡―浜

松間のバスについては、運よく時刻表に掲載され、一時間間隔で走っていることがわかっている。とすれば、沼津—静岡間も同じような運転間隔であろうし、浜松—豊橋については、もっと頻繁に、三〇分間隔ぐらいで運転されているにちがいない……。

そのくらいの見当がついてくると、早起きして新宿発六時ごろの小田急で出発すれば夕方までには豊橋に着けるだろうとの計算が成り立つ。豊橋までたどりつけさえすれば、あとは問題がなく、豊橋発18時45分の名鉄特急から近鉄特急へと乗りついで22時14分には大阪の上本町(うえほんまち)に着く。これは時刻表からわかる。

それで、まずは大丈夫だろうと推定したのだが、藍(あい)君は不安そうであった。

「とにかく小田急の始発で出かけましょう」

と私は、かまわず言った。

「始発は何時ですか」

「5時ちょうどです」

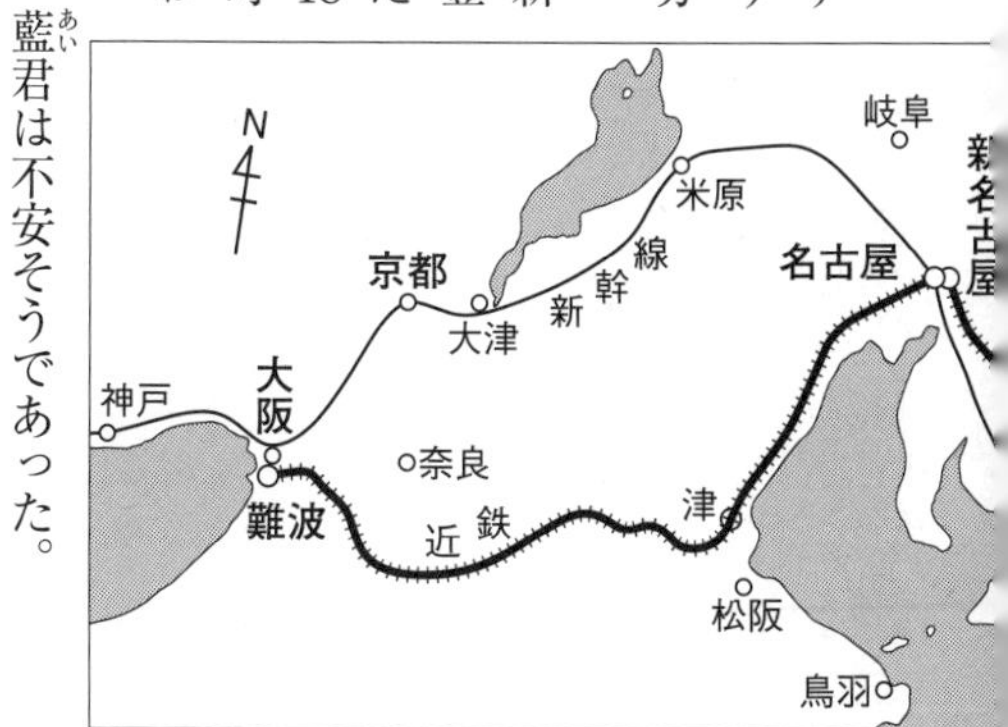

「お宅から新宿まではどうしますか。電車がなさそうですね」

「…………」

「私も5時までには新宿へ行けません」

「じゃあ、二人で新宿に泊りこみましょう。最善の努力をして、それでダメならそれもよし、そうしましょう」

藍君がなかなかウンと言わないものだから、私は狂信的になってきた。


それからしばらくして、藍君から打合わせに行きたいとの電話がかかってきた。

「打合わせといっても、いつ実行するかの日を決めるだけでしょう」

「まあそうですが」

「それなら、わざわざ来なくても電話ですましましょうよ」

「でも、とにかくうかがいます」

電話を切ってから、来なくてもいいのに何しに来るのだろう、と考えているうちに、バスのことが気になりだした。

大丈夫だろうと見当をつけてはいるが、時刻がわかっていれば、もっと大丈夫である。

それで、バス会社の電話番号をしらべ、沼津営業所に静岡行のバスの時刻を訊(たず)ねた。

すると、意外にも沼津―静岡間の直通バスは一日わずか二本、11時45分発の富士急バスと13時45分の静岡鉄道バスしかないことがわかった。

「たった二本ですか」

「そうです。ほかに静岡行はありません」

とすれば、沼津発11時45分のに乗るほかない。もう一、二時間早く出るバスに乗るつもりでいたが、11時45分発が「始発」ではしかたがない。しかし、このバスに乗るのなら何も新宿発5時00分の始発に無理して乗る必要はないわけで、7時00分発のロマンスカーで十分である。藍君に教えてやったら喜ぶだろうと、私はひとりほくそ笑んだ。

沼津発11時45分のバスは東名高速経由なので、新幹線には及ぶべくもないが、なかなか快速で13時03分には静岡に着くという。静岡から浜松までのバスは時刻表に載っているので、13時23分発の遠州鉄道バスに乗れば14時53分に浜松に着くことがわかる。

つぎの浜松から豊橋までは距離も近いし、豊橋に六時半までに着ければよい。三時間半も余裕がある。もう大丈夫だ、と安心したが、念のため遠州鉄道の浜松バス営業所に電話をかけてみると、なんとしたことか、

「豊橋行のバスはありません」

という答えである。

バス会社の営業所は親切で、自社のバスの時刻だけ教えて他社については知らん顔という態度ではない。東急系の箱根登山鉄道バスと西武系の伊豆箱根鉄道バスのように犬猿の仲である場合はそうでないかもしれないが、さきほど電話をした静岡鉄道のバス営業所員は私に富士急行バスの時刻を教えてくれている。この遠州鉄道バスの人も親切で、自社のバスだけでなく、豊橋鉄道バスも名鉄バスも浜松—豊橋間の直通バスは一本も運行していないのですよ、と説明してから、

「豊橋へ行かれるなら国鉄が便利です」

と言った。

「それはわかっていますが、バスで行ってみたいのです。途中で乗りついでなら豊橋へ行けますすか」

「それでしたら行けます。浜松駅前から私どもの鷲津行のバスにお乗りになって新居町までいらっしゃれば、そこから豊橋まで国鉄バスが運行しております」

東海道の旧新井宿に新居町という東海道本線の駅があり、新居町—豊橋間に国鉄バスが走っていることは「国鉄監修」の時刻表で知っている。が、国鉄バスには乗るわけにいかぬ。

「ほかにありませんか。遠回りになってもかまいませんから」

「三ケ日行のバスにお乗りになって、三ケ日から豊橋鉄道のバスに乗りつぐ方法はあ

ります、時間はかかりますが」

三ケ日は浜名湖の西北岸にあるミカンと遠州瓦（えんしゅうがわら）の町で、洪積世（こうせきせい）の化石人骨が出たことでも知られる。だいぶ遠回りにはなるが、時間の余裕もあることだし、たまにはそういう町でバスを乗りつぐのもおもしろそうである。

「ああよかった。それで、浜松を三時ごろに出発したいのですが、適当なバスがありますか」

「こちらを三時ごろですか。ええと、ありますよ。浜松駅前を14時46分の三ケ日行にお乗りになれば、三ケ日着が16時03分で、16時15分発の豊橋行に接続します」

三ケ日での接続は別会社のバスとは思えぬほどよいが、浜松発が14時46分では困る。私たちの浜松着は14時53分の予定である。だから、

「すみませんが、そのつぎのバスの時刻も教えてください」

と私は言った。

「そのつぎの三ケ日行は15時13分ですが、これは豊橋鉄道のバスに接続しません」

「接続がわるくてもいいのです。三ケ日発16時15分のつぎの豊橋行は何時ですか」

「ありません」

「ないのですか」

「豊橋行は16時15分発が最終です」

憮然(ぶぜん)としているところへ藍君が現れた。そして、メモを取り出しながら、

「新宿から始発に乗って、あとは行きあたりばったりというのもおもしろいとは思いましたが、いちおうバスの時刻をしらべてみました」

と言う。

ほんらいなら、余計なことをするな、オレに任せておけばいいのだ、と声を荒げたくなるところだが、私は、

「浜松と豊橋の間が意外にうまくいかないでしょう?」

と小さな声で言った。しかし藍君は、

「はあ、あそこは厄介で、バスを三本も乗りつぐ方法しか見つからないのです。どうして直通バスがないのかなあ」

と首をかしげながら、出来のわるいレポートを提出する生徒のような手つきでバス時刻を列記したメモを私の前に置いた。


九月二二日(昭和五七年)、水曜日、朝八時二〇分、小田急の新宿駅ホームで藍君と落ち合う。

5時00分の始発に乗ろうと意気込んだときのことを思うと、三時間半ぶんだけ面映(おもは)

ゆいが、これから乗りつぐ三本の電車と六本のバスが順調に走ってくれれば、20時59分には大阪の難波に着けるのである。

私たちが手にしている切符は、小田原ではなく、その手前の新松田までのものであった。新松田10時10分発沼津行という富士急の高速バスがあり、これに乗れば小田原から箱根の嶮を曲折しながら越えるより一時間短縮できるからである。大井川鉄道に乗って寸又峡温泉で一泊などと暢気なコースを考えたこともあったが、いまや最短時間で大阪を目指そうという方針に変っていた。

新松田発10時10分のバスに間に合うには新宿発8時31分の急行に乗ればよい。それで八時二〇分に藍君とホームで待ち合わせたのだが、考えてみると、今日中に大阪へ着くためにはこの急行が「終電」である。この電車ばかりではない。新松田から豊橋まで六本のバスを乗りつぐことになるが、どの一本に乗り遅れても計画は挫折する。すべて「最終バス」ばかりだ。

ちょうど朝のラッシュ時で、ホームは急ぎ足の人たちで雑沓している。しかし私たちは大阪行の「終電」を待っている。変なことをやろうとしているのだなと、あらためて思うが、対照の妙もあって、わるい気分ではない。

そんな意味のことを言うと、

「電車が一〇分遅れたら、もう新松田からのバスに間に合いませんね」

と藍君が心配顔になった。乗り遅れた場合にどうするかは、まだ話し合っていなかった。

ラッシュ時なので運転本数が多い。私たちは予定を繰り上げて8時25分発の急行に乗った。

相模川を渡ると右窓に大山と丹沢山が全容をあらわし、9時52分、新松田に着いた。これで第一回目の接続は無事おこなわれたことになる。

新松田発10時10分の沼津行富士急バスは、定刻に発車すると東名高速道に入り、酒匂川の谷と御殿場線のレールを見下ろしながら快調に走る。しかし、乗っているのは私たちのほかには最後部にシートに寝そべっている男の客一人だけである。

この路線バスは一日一本のみで、しかも休日運休となっている。客が少ないから一本しか運転しないのか、一本しかないから客が少ないのか、その両方だろうけれど、これではいつ廃止になるかわからない。

御殿場に着くと、唯一の相客は下車してしまい、代りに乗ってくる客もなく、私たち二人だけになった。新松田―沼津間の運賃は七五〇円である。

きょうは曇りだが雲は高く、富士山をはじめ愛鷹山や箱根の外輪山がぐるりと見渡せる。眺めがよいのは窓をさえぎる客がいないからでもあって、まるで貸切展望車だ。

沼津インターで一般道路に下り、市街地に入って11時18分、「沼津駅前富士急名店会館前」という長い名前の終点に着いた。

しかし、降りて見回しても、沼津駅も名店会館もない。つぎに乗るべきバスの停留所がわからないし、表示も見当らない。あわてて運転手に訊ね、迷わずにすんだが、横断歩道の信号待ちを含めると三分を要した。つぎに乗るのも富士急のバスで、おなじ会社でさえこんなぐあいでは、別の会社のバスに乗りつぐ場合、五分や一〇分程度の接続では不安を覚える。このあと、浜松での接続時間わずか一〇分というのが控えている。しかも浜松には、国鉄駅前と遠鉄浜松との二つのバスターミナルがあり、地図を見ると六〇〇メートルも離れているではないか。その点、国鉄の駅は明快だ。浜松といえば浜松駅ただ一つで、迷うことはない……。東京を8時24分に発車した新幹線の「ひかり131号」が、まもなく新大阪に着く時刻ではないか、という雑念も去来した。

沼津発11時45分の静岡行バスもガラ空きであった。発車したときは私たち二人だけであり、富士で若い女性が二人、清水でおばさんが二人乗ったが、けっきょく、それだけであった。

静岡での乗りつぎ地点は国鉄静岡駅前で、13時03分着、13時23分発となっている。ところが、沼津からのバスが少し遅れ、静岡インターに着いたのが12時58分、これでは駅前に着くのが13時10分ごろになりそうだ。浜松行のバス停を探したりしていれば立食ソバの時間さえなくなるだろう。

私たちは食事時間を捻出するためにインターの出口で下車し、ドライブインでラーメンを食べた。けれども、バス停の位置を勘ちがいしたため、危うく浜松行の遠州鉄道バスに乗り遅れそうになった。

日本坂トンネルの手前に工事中の区間があり、ノロノロ運転になって気を揉んだが、そこを過ぎるとバスは速度をあげて遅れを取り戻し、定刻の14時53分、国鉄浜松駅前に着いた。

浜松駅前には各方面行のバス停が並んでいたが、肝心の「鷲津行」が見当らない。乗るべき鷲津行は15時03分発のはずで、ほとんど時間がない。「湖西市役所」と大書された札の経由地のなかに「鷲津」という小さな文字を見つけるやいなやバスがやってきて、すぐ発車した。

鷲津行のバスは、これまでの東名高速経由とちがって、旧東海道を走る。杉並木をかすめ、弁天島へ渡り、浜名湖を右に眺めながら新居の関所跡を過ぎる、というふうに見るべきものがいろいろあり、たのしい路線であったが、停留所が非常に多く、小中学生がふざけ合いながら乗り降りして、遅れ気味である。鷲津での接続時間は九分しかない。藍君は腕時計ばかり睨んでいる。

鷲津の鄙びたバス停に着いたのは、五分遅れの15時55分であった。待つほどもなく、15時59分発の三ケ日行が来た。新居役場始発の遠州鉄道バスである。

右窓に浜名湖を望みながら一〇分余り走って、「大知波入口」で下車。

三ケ日、鷲津、豊橋方面の道が合しているだけの淋しいところで、浜名湖を渡る風に路傍のススキが揺れている。

「東京から大阪へ行くのに、こんなところでバスを待つことになるとは、想像もしていませんでした」

と藍君は感慨深げである。

しかし、まもなく豊橋行のバスがやってくる。あの「三ケ日発16時15分」、私が乗れないものと諦めていた豊橋行の最終バスが、ここを通るのである。

「やれやれ、これでもう安心だ」

と私は言った。

藍君も安堵したように、かすかな笑みを浮かべた。彼が笑うのを見たのははじめてのような気がした。

豊橋行のバスは定刻の16時29分より四分遅れてやってきた。しかし、豊橋までの所要時間は三五分、三〇分や一時間遅れたって、もう大丈夫である。

私たちにとっては拝みたくなるようなバスであったが、これまたガラ空きで、先客は若い男性一人というありさまであった。きょう乗ったバスは、浜松―鷲津間を除けば、どれも空いていた。はたしていつまで存続できるか覚束ないようなバスばかりであった。

バスは遠江と三河の境を扼す多米峠への登りにかかる。後方に浜名湖の夕景がひろがった。

豊橋駅前着17時04分。「勝負」は終った。あとは名鉄と近鉄の太く速い流れに身をゆだねさえすればよいのである。私たちはバスを降りても、いままでのようにキョロキョロすることもなく、名鉄の窓口で17時13分発の特急の指定券を買った。

豊橋駅の名鉄ホームは国鉄の飯田線と共用になっている。飯田線の前身は豊川鉄道という名鉄系の私鉄で、それを昭和一八年に国鉄が買収したという歴史的事情によるのだが、真赤な名鉄電車とうす汚れた国電とが同じホームに並んでいるのは奇妙な眺めである。そんなことを説明してから、

「国鉄と共用のホームに足を踏み入れるとは、ちょっとスッキリしないことになりましたな」

と私は言ったが、これは余裕のうちである。

名古屋へ向う特急電車のなかで藍君は、これまでの運賃を計算した。一人当り計四七一〇円、これに名鉄特急券の二五〇円を加えて四九六〇円であった。時刻表によれば、このあとの近鉄の名古屋—難波間が運賃一五九〇円、特急料金一〇〇〇円と記されているから、総計で七五五〇円になる。新幹線で東京から大阪まで行けば普通車の指定席で一一五〇〇円、自由席でも一一〇〇〇円だから、だいぶ安い。

ただし、新幹線でなく、在来の東海道本線の鈍行電車を乗りついで行く場合は乗車券だけでよいから六六〇〇円となって、われわれより安い。

東京—大阪・国鉄のない旅スケジュール
—昭和57年9月現在—

出発地	発時刻	交通機関	着時刻	到着地
新宿	8:31	（小田急）→	10:02	新松田
新松田	10:10	（富士急行バス）→	11:20	沼津
沼津	11:45	（富士急行バス）→	13:03	静岡
静岡	13:23	（遠州鉄道バス）→	14:53	浜松
浜松	15:03	（遠州鉄道バス）→	15:50	鷲津
鷲津	15:59	（遠州鉄道バス）→	16:13	大知波入口
大知波入口	16:29	（豊橋鉄道バス）→	17:05	豊橋
豊橋	17:13	（名鉄特急）→	18:10	新名古屋
名古屋	18:30	（近鉄特急）→	20:59	難波

いささか口惜（くや）しい。

「近鉄の特急料金一〇〇〇円を節約したら、国鉄の鈍行で行くより五〇円安くなるけれど」

と私は言った。

「特急に乗らないと今日中に大阪に着けないのじゃないですか」

「いや、着けます。腹もすいたし、名古屋で祝杯をあげてから20時01分に乗っても大丈夫です。途中で二度乗りかえになるけれど、とにかく今日中に大阪に着けます」

これについては、出発前に「近鉄時刻表」でしらべておいたのである。

「へえ！　それでも今日中に着けるなんて、近鉄って便利なんだなあ。それで何時に着くんですか」

「23時58分」

藍君が、また笑った。小鬼が笑うようになってきた。

しかし、この案は実行しないことにした。

日が暮れて新名古屋着18時09分。18時30分発の近鉄特急に十分間に合う時刻であったが、すでに特急券は売り切れで、19時00分発のノンストップ特急の券しかなかった。しかし、いわば「超特急」なので三〇分の差を一二分まで縮めて21時11分に難波に着くことができる。

暗闇と町の灯を車窓に交錯させて快走する特急電車のなかで、私たちは乾杯し、松阪牛の弁当を食べた。

そして定刻21時11分、電車は「なんば」と書かれた地下駅のホームに着いた。難波だから大阪である。けれども、人をはばかって潜行するうちに、別の大阪へ着いてしまったような、そんな気持もした。

飯田線・天竜下りは各駅停車

クルマ好きで鉄道ぎらいの「藍色の小鬼」こと藍孝夫君を、うんざりさせてやろうと思う。

前回は、藍君の案によって心ならずも妙な旅をさせられた。「東京―大阪・国鉄のない旅」、つまり新幹線も在来の東海道本線も国鉄ハイウェイバスも不可、要するに私鉄と田舎バスを乗継いで大阪まで行ってみろという旅であった。

おかげで、バス停を探したり、道路が渋滞したり、そのたびにハラハラのしどおしで、一三時間もかかって大阪にたどりついたときは心身ともに疲れた。おなじ一三時間でも、のんびりと汽車で乗り通すのとは大違いであった。

今回は、そのお返しである。

さいわい格好な鉄道がある。――飯田線。

鉄道に乗る人たちの生態を観察するに、なぜか一刻も早く降りたがっているように私には見える。「こだま」より「ひかり」、大宮乗りかえの労をいとわぬ東北新幹線への人気、空いている各駅停車より混雑していても特急を、等々の志向は顕著である。当然、人びとは自分が降りる駅以外で列車が停るのを好まない。目的地までノンストップで走ることを望んでいる。

飯田線は、そうした人びとの志向を逆撫でするような線だ。なにしろ駅の数がやたらに多い。起点の豊橋から終点の辰野までの一九五・八キロの間に、実に九二の駅がある。駅間距離は平均二・一キロで、郊外電車なみの密度である。ちなみに、国鉄全線の駅間距離の平均値は四・〇キロだから、その約二分の一となっている。

そのことは「時刻表」の巻頭の線路図を見ると、よくわかる。駅を示す○印がぎっしりとつながっていて、正に数珠つなぎだ。その一つ一つに駅名が付されているのだが、「伊那」や「三河」などの冠された長い名前が多く、それが線路の両側にムカデの脚のようにひしめき合っている。線路図の作成者は大いに苦労したにちがいない。

かように飯田線は、線路図を見ただけでもウンザリしそうな線なのである。

飯田線の駅間距離が短いのは、旧私鉄を国鉄が買収したという事情によるのだが、それはとにかく、これに藍君を乗っけてやろうと思う。もちろん「全線を、各駅停車で、途中下車することなく」にである。

かく言う私も飯田線の全線を鈍行電車で乗り通したことがない。この線には何回か乗っているけれど、急行を利用することが多く、鈍行に乗ったのは一部の区間のみであった。だから、鈍行で全線を乗り通してみたらどんなぐあいか、一度味わってみたいと思っていた。藍君いじめが兼ねられるし、いい機会であった。

「覚悟しておいてくださいよ」

と私は藍君に言った。

「はあ」

「なにしろ九二もある駅の全部に停る。ちょっと走っては停り、ちょっと走っては停りで、相当なものですよ」

「でも、ご自分も鈍行で全部乗ったことはないのでしょう」

「私のことは心配してくれなくてもいいのでありまして……」

「そうですか」

飯田線の全線を直通する鈍行電車は、豊橋からの下りが四本、辰野からの上りが五本ある。単線なので上下列車の行きちがい、また急行に追い抜かれるための待ち時間などの関係で所要時間にバラつきはあるが、だいたい七時間前後となっている。

ただ、一本だけ速いのがある。辰野発10時35分の上りで、豊橋着が16時38分だから六時間〇三分しかかからない。急行にも抜かれず、飯田などの主要駅でながく停ることもなく、対向列車との行きちがいも概してスムーズにダイヤが組まれているためである。

しかし、この電車に藍君を乗せたくない。なるべく時間のかかるやつに乗せたい。そう思って各鈍行電車の発着時刻を見ていくのだが、あいにく日の短い季節なので、明るいうちに完走する列車がない。豊橋か辰野に泊って一番列車に乗る方法もあるが、4時47分発や5時51分発に乗るのはしんどい。

例外が一本ある。が、これは辰野発10時35分、藍君を乗せたくない速い電車である。

「豊橋発12時35分に乗るしかないかな。飯田を過ぎるあたりで暗くなるけれど、全体の四分の三ぐらいは明るいうちに走るから」

「でも、やっぱり日が暮れるまでに終点に着きたいですね」

「じゃあ、豊橋の駅前に泊って、早起きして5時51分発に乗るとしますか」

「…………」

早起き案を出すと、藍君は眼（め）を伏せる。いつもそうだ。「小鬼」にも弱点があるらしい。

「はじめの三〇分ぐらいは暗いかもしれないけど」

「あの、辰野発10時35分ではいけないのでしょうか。これなら16時38分に豊橋に着きますね」

見破られたかと思ったが、

「それには、なるべく乗りたくない」

と私は言った。

「なぜですか」

「速すぎる。六時間〇三分では速すぎる」

「でも、全部の駅にちゃんと停りますし、どうしてこれじゃいけないのかな」

「飯田線の鈍行電車は七時間かかる。この七時間というのが固定観念になっています。六時間で着いてしまっては飯田線の鈍行らしくない」

「そういうものですか」

と言って藍君は黙ってしまった。

しかし、この議論、どう見ても私のほうが旗色がわるい。動機が藍君いびりにあるので、そのぶんだけ理屈に無理が生じているのだろう。

それに、辰野発10時35分の電車に乗る場合は東京からの日帰りが可能である。新宿発7時00分の中央本線で出かければ、これに間に合うし、豊橋から新幹線を利用すれば19時16分という手頃(てごろ)な時刻に東京に帰着できる。もう一本、辰野発13時12分に乗る場合も日帰りが可能だが、景色のよい天竜峡(てんりゅうきょう)あたりで日が暮れてしまう。その他の七本の場合は、どこかで一泊するか夜行で出発するしかない。

「飯田線ぐらいは日帰りで片づけたいし」

「そうですね」

日帰りを望む点では一致していた。いずれにしろ、残念ながら辰野発10時35分を選ぶしかないのであった。

一二月一日（昭和五七年）、水曜日。私たちは新宿発7時00分の特急「あずさ1号」で出発した。

二人とも朝食をすませていないので、さっそく新宿駅で買ったサンドイッチを頬張る。新幹線の車内などで売りにくるのとはちがう部厚なサンドイッチで、トンカツの挟まれたのもあり、量が多い。軽く朝食のつもりが全部は食べきれそうにない。

「新宿から汽車に乗るのは久しぶりだけど、やっぱり中央線は若い連中相手の線なのかなあ。このサンドイッチのヴォリューム」

「中央線は久しぶりって、いつ以来ですか」

「一年半ぶりかな」

「ぼくは中央線の特急に乗るのははじめてです」

「え？　乗ったことがないのですか」

「ええ、中央高速道がありますから、汽車で行くことなんかありません」

「なんか、とはなんですか」

「すみません」

西のほうから雲が広がってきている気配だが、いまのところは晴れである。

中央本線のうち、塩尻から東半分の、いわゆる「中央東線」の車窓は晴れていないとつまらない。名古屋寄りの「中央西線」は木曾谷沿いなので、むしろ霧でもかかったほうが風情があるのだが、私たちが乗っている「東線」の車窓の主役は山である。晴れていれば赤石山脈の白い峰々が遠望できるし、八ケ岳や甲斐駒ケ岳の秀峰を間近に賞味することができる。「中央東線」の楽しみの一つである。


新宿から一時間半、笹子トンネルを抜けると甲府盆地の全景を見下ろし、その向うに「赤石山脈」を一望できる箇所がある。私は「北アルプス」とか「SL」とかいう呼称が嫌いだから、飛驒山脈、蒸気機関車と呼ぶことにしているが、「赤石山脈」より「南アルプス」のほうが通りがよければ、それでもよい。

その赤石山脈または南アルプスが見えるかどうか、笹子トンネルに入るまえから気になっていたが、トンネルを抜けてみれば、さいわいにも全景が見えている。今年は降雪が遅いようで、白銀の峰々が連なるというぐあいにはなっていないが、最高峰の白根北岳の頂上だけは、さすがに白く光っている。

この笹子トンネルを抜けてからブドウ園で名高い勝沼に至る区間は国鉄の車窓風景のなかでも十指に入ると私は思っている。だから藍君の脇腹を突っついて注意を喚起した。

「どうです、汽車の窓から見る白根北岳もいいもんでしょう」

「中央高速から見るのとおなじですね」

甲府着8時46分。時刻表では8時48分着となっているから二分の早着であるが、いずれにせよ二時間たらずで甲府に着いた。「あずさ」のおかげで甲府が近くなったと思う。

「もう甲府ですな、速いなあ」

と私は言った。じっさい、八王子からは山と谷の嶮路の連続にもかかわらず、特急「あずさ1号」は時速一〇〇キロ前後で快走した。昔の速度を知っているので、なおさらそう思う。

「特急でも案外に時間がかかるんですねえ。中央高速なら甲府まで一時間半はかからないのだけど」

と、これは藍君。

いちいち言うことが気に入らないが、不思議なことに腹が立たない。

なぜかと考えるに、これは、私が何か言うと条件反射的に自分の所感を即座に述べるだけであって、相手の思惑など顧慮していないためらしい。本人も「小鬼」然と素直な顔をしている。

「藍色の小鬼」の愛称を授けた阿川さんにしても、年齢その他において劣る私にしても、人性に備わった自然と、それにともなう長所短所に興味と好意があって、言うなれば「無限抱擁」みたいなところがあるからいいけれど、とにかく藍君は、思ったとおりのことを言っては恬然としている。

雪がないので、右窓の八ケ岳も左窓の甲斐駒ケ岳も、もうひとつ美しさに欠けたが、小淵沢から信濃境、富士見にかけての高原の清涼さに変りはなく、特急「あずさ1号」はススキの穂をなびかせながら快走し、定刻9時47分、上諏訪に着いた。

飯田線が分岐する辰野は、ここから四駅ほど先だが、「特急あずさ1号」は辰野に停車しない。そのかわり、私たちが乗ろうとしている辰野発10時35分の飯田線の電車は上諏訪が始発で、発車時刻は9時53分となっている。なかなか接続がよい。

けれども、これから豊橋までの長途を共にする問題の電車を見るに、なんとも古びているではないか。四両編成なのだが、いずれも「昭和15年、川崎車輛」「昭和16年、汽車製造」などの銘板のある老朽車両ばかりである。

「あの、トイレがあるんでしょうか」

と藍君が真剣な顔で言う。

「ありますよ、大丈夫ですよ」

と私は答えたが、半分が荷物室になっている先頭車にはトイレなし、二両目もなし、三両目もなし。これは大変だと不安になったとき、ようやく最後尾の四両目の一隅に古色蒼然たる便所を発見した。私たちは、この車両に乗ることにした。

「ドアが閉ってますけど」

「手で開けるんです」

「自動じゃないのですか」

「半自動と言いまして、閉めるときは自動だけど、開けるときは手です」

「なぜですか」

「お客が少ないのに駅に着くたびにドアを全部開けていたら寒くてしょうがないでしょう」

「なるほど」

車内に入ると、鉄道博物館の古典車両の雰囲気である。床は木貼りで、油をたっぷり吸いこんで湿っている。木製の窓枠は幾度もニスを塗り重ねられて飴色に光り、金具は真鍮、座席のモケットは青、それらが暖房によって、独特の香りを発している。

上諏訪発9時53分。最後尾の車両の客は私たちのほかに五人しかいない。いずれも地元の人らしい老人ばかりで、そのなかの一人の爺さんは野良で話すときのような大

営業キロ	列車番号		1226M
	季節・臨時		
	前の掲載ページ		290
	始発		上諏訪 953
0.0	辰野	発	1035
1.1	宮木	〃	1038
2.3	伊那新町	〃	1040
4.1	羽場	〃	1043
6.0	沢	〃	1046
8.6	伊那松島	〃	1051
10.1	木ノ下	〃	1054
12.5	北殿	〃	1057
14.7	田畑	〃	1101
16.8	伊那北	〃	1105
17.7	伊那市	着	1107
		発	1109
21.2	下島	〃	1114
22.3	沢渡	〃	1116
25.3	赤木	〃	1121
26.6	宮田	〃	1123
28.7	大田切	〃	1127
30.1	駒ケ根	着	1129
		発	1130
31.3	小町屋	〃	1132
32.8	伊那福岡	〃	1135
35.5	田切	〃	1140
37.8	飯島	〃	1145
40.6	伊那本郷	〃	1150
43.4	七久保	〃	1154
45.0	高遠原	〃	1157
47.5	伊那田島	〃	1203
48.8	上片桐	〃	1206
52.6	伊那大島	〃	1213
55.2	山吹	〃	1217
56.2	下平	〃	1219
58.9	市田	〃	1223
60.1	下市田	〃	1225
61.9	元善光寺	〃	1228
64.6	伊那上郷	〃	1233
65.6	桜町	〃	1235
66.4	飯田	着	1237
		発	1240
68.0	切石	〃	1243
70.0	鼎	〃	1246
71.0	下山村	〃	1248
72.1	伊那八幡	〃	1251
73.2	毛賀	〃	1253
74.6	駄科	〃	1256
76.4	時又	〃	1259
78.3	川路	〃	1302
79.6	天竜峡	着	1305
		発	1307
81.0	千代	〃	1310
82.2	金野	〃	1313
84.5	唐笠	〃	1317
87.9	門島	〃	1323
91.6	田本	〃	1329
93.6	温田	〃	1333
97.3	為栗	〃	1338
102.0	平岡	〃	1345
104.1	鶯巣	〃	1349
105.7	伊那小沢	〃	1352
108.0	中井侍	〃	1356
112.0	小和田	〃	1402
115.0	大嵐	〃	1407
121.5	水窪	〃	1416
122.5	向市場	〃	1418
125.3	城西	〃	1422
127.3	相月	〃	1426
132.3	佐久間	〃	1432
133.4	中部天竜	着	1434
		発	1437
135.9	下川合	〃	1441
137.3	早瀬	〃	1444
138.5	浦川	〃	1446
139.8	上市場	〃	1449
140.4	出馬	〃	1451
144.6	東栄	〃	1457
145.7	池場	〃	1459
150.6	三河川合	〃	1506
152.9	柿平	〃	1510
155.2	三河槙原	〃	1514
157.8	湯谷	〃	1518
160.2	三河大野	〃	1523
163.7	本長篠	着	1527
		発	1528
165.0	長篠城	〃	1531
166.5	鳥居	〃	1533
167.9	大海	〃	1546
170.8	三河東郷	〃	1551
172.0	茶臼山	〃	1553
173.2	東新町	〃	1556
174.2	新城	〃	1559
176.1	野田城	〃	1602
178.8	東上	〃	1606
180.4	江島	〃	1609
181.4	長山	〃	1612
183.8	三河一宮	〃	1616
187.1	豊川	着	1620
		発	1622
189.2	牛久保	〃	1625
191.4	小坂井	〃	1629
193.6	下地	〃	1632
194.3	船町	〃	1634
195.8	豊橋	着	1638

日本交通公社『時刻表』
昭和57年12月号より

声でしゃべっている。

左窓に諏訪湖を眺めて下諏訪、岡谷を過ぎると、湖から流れ出た天竜川の源流を短い鉄橋で渡る。これから佐久間ダムのあたりまで、約一五〇キロにわたって天竜川とともに下ることになる。

10時27分、辰野着。ここで八分停車する。

ホームで「杣人弁当」というのを売っている。ちょっと買気をそそられる名の駅弁だが、まだ食欲はないし、駅弁は12時37分着の飯田で買うことに意見が一致していた。時刻表によれば、伊那市、駒ケ根、飯田、豊川に駅弁がある。

10時35分、辰野を発車。中央本線が右へ分れて、いよいよ飯田線に入る。幹線からローカル線に入ると、レールや路盤の格が下って、乗り心地が変る。列車の速度も下り、ゆらゆらと横揺れする。このあたりの路線が私鉄の伊那電気軌道として開業したのは明治四二年であった。

「いよいよ飯田線ですな。これから九二の駅に停って……」

と藍君の気配をうかがいかけると、もうブレーキがかかり、宮木という無人駅に停車した。駅間距離は一・一キロ、二分しかかかっていない。

降りる客も乗る客もなく発車すると、またすぐ停って、伊那新町。これも無人駅である。ちょっと走って羽場。この駅は上下列車の行きちがいができるように線路が二つに分れている。そのためであろう、駅員はいたが乗降客はない。

つぎが無人駅の沢。

「ずいぶん安直な駅名だなあ」

と藍君が言う。

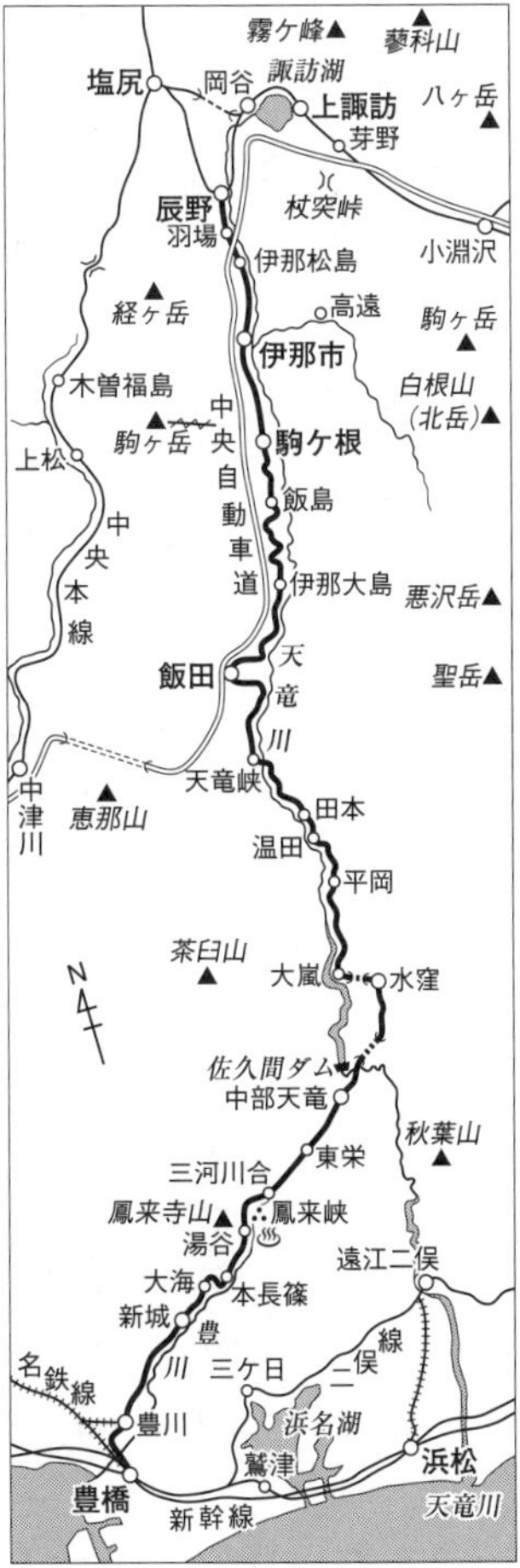

そのつぎは急行が停車する伊那松島で、小さな機関庫もあり、はじめての駅らしい駅だ。ここでは数人の客が改札口から出て行った。

「まだ一五分しかたっていないけれど、もう五つの駅に停った。案外あっけないでしょう」

「はあ」

と藍君が気のない返事をする。

伊那松島を過ぎると、天竜川の河岸段丘が左右に広がり、飯田線は右岸、つまり西側の段丘の上を行く。眺望も開け、右に木曾山脈（中央アルプス）の経ケ岳が見えてきた。左窓も谷を挟んで山々のつらなりが望まれるが、これは赤石山脈の前衛の山である。

藍君が鞄から何やら取り出して、いじくっている。見ると、ちかごろ流行のウォークマンである。

「そんなもの持ってきたのですか」

「退屈するだろうと思いましてね」

「テープは何が入っているんですか」

「中島みゆきです」

「なんですか、中島みゆきってのは？」

「ご存知ないのですか」

「知りません」

「これが実にいいんですよ。ぼくは、ずっとクラシックばかりだったのですが、二年前に中島みゆきを聴いていらい、すっかりファンになりました」

「そういうものですか」

「彼女のレコードは全部持っていますし、毎日聴いています。聴かない日はないなあ」

「それだけ熱心になれるとは、うらやましいですな」

「このテープは、とくに好きな曲ばかり選んで入れてあるんです。ちょっと聴いてみませんか」

飯田線に乗りにきて中島みゆきとやらを聴かされる羽目になったが、せっかくのおすすめだから耳に当ててみる。

音楽というものは、聴く前は面倒な気がするが、音が鳴りはじめると、たちまちその世界に包みこまれる。しかもウォークマンの場合は耳がふさがれるからなおさらだ。

中島みゆき、なかなかよろしい。私だって、五木ひろしの面相はいただけないが歌唱力は群を抜いている、といったぐらいの鑑賞力ならある。だから、二曲ばかり聴いたところで、

「いいじゃないですか、なかなか」

と言った。

「そうでしょう」

と藍色の小鬼が今日はじめての笑みをうかべた。

「これはフォークですかな」

「いや、ニューミュージックです」

「ニューミュージック？　なんですかそれは」

「そういう新しい音楽のジャンルなんです」
「安直な名前のつけかただなあ」
こんどは私が笑う番であった。

うっかり中島みゆきを賞めたために、それから彼女の歌をテープ一本分、たっぷり聴かされることになった。藍君が、これはぼくの二番目に好きな曲です、これは人気のある曲ですが、すこししつこいという人もいます、いちばん好きなのは最後の曲です、などと一曲ずつ解説するし、藍君のいちばん好きな曲が真打ちに収められていては最後まで聴かねばならない。

私は汽車が好きだから退屈などしない。時刻表と地図帖のほかには週刊誌一冊も持ってきていない。その私が、退屈するはずの藍君のウォークマンを耳に当てているわけであるが、藍君はわが意を得たというように窓外を眺めている。

女は「今夜だけでもきれいになりたい」と唄い、飯田線は伊那谷を走る。線路の継ぎ目の響きが通奏低音のように伝わってくる。葉を落とした冬のケヤキが巨大な箒のシルエットを空に向って突き立て、白壁に入母屋づくりの民家が車窓を過ぎていく。梨畑があり、桑畑がある。右窓の山の切れ目の奥に木曾山脈の主峰、駒ケ岳の頂きが姿を現わした。

耳から歌、眼に車窓風景、尻からは線路の振動、いわば超総合芸術で、それなりに面白くないこともなかったが、テープ一本聴き終ったときは、少々うんざりした。

「どうですか、中島みゆきのファンになりそうですか」

と藍君が訊ねる。

「大丈夫、ファンにならないですみそうです」

「ああそうですか」

と藍君はあっさりしている。

すでに伊那市も駒ケ根も過ぎて、わずかな客を乗せた鈍行電車は右に左にカーブしながら小さな駅に停っては走り、停っては走りをくりかえしている。

天竜川に沿う飯田線はカーブの多い線だが、とくに駒ケ根―伊那大島間は紆余曲折がはなはだしい。この区間は直線にすれば一五キロぐらいだが、線路の長さは二二・五キロもある。木曾山脈から、この地方で「田切」と呼ばれる幾本もの支流が段丘を深く刻みながら天竜の本流へ流れ落ちているからである。高い鉄橋をかけて渡ってしまえば真っすぐ進めるのだが、軽便鉄道として発足した伊那電気軌道は建設費のかかる鉄橋の架設を極力避けたらしい。だから、段丘の上を走ってきて谷にぶつかると右へカーブして流れを遡り、谷が細く浅くなるのを待って渡り、反転して対岸の段丘に登るという、まだるっこしいルートになっている。もっとも、これから通る線路や通り過ぎた線路を谷を挟んで眺めるのはよいもので、飯田線の楽しみの一つではある。

藍君も中島みゆきを耳に当てたまま窓外を眺めている。

伊那大島でいったん天竜川の本流近くへ下った飯田線は、川沿いにしばらく走り、善光寺の本尊の旧居だった元善光寺から飯田を目指して登りにかかる。飯田は段丘の上の高いところにある。ここで辰野いらいはじめてトンネルに入る。

このトンネルを抜けたあたりの左窓の景観はなかなか雄大で、天竜川を前景に赤石山脈が望まれる。

飯田には二分遅れて12時39分に着いた。女子の中学生や高校生が賑やかに乗りこんできた。

さて駅弁をと、二人でホームに降りて見回す。けれども、どこにも駅弁売りの姿がない。もう一本の下り線ホームにもいない。以前、ここで「伊那路弁当」というのを買ったことがあるので安心していたが、どうしたことか。改札口の駅員に訊ねてみても、

「きょうは駅弁さん、いないようだね」

と、けろりとしている。

時間があれば駅前へ走っていって何か買ってこられるのだが、三分停車のはずが二

分遅れて着いたので、すぐ発車である。

飯田で駅弁が買えなかったとなると、つぎは16時20分着の豊川まで駅弁のある駅はない。急に空腹を覚える。辰野の「杣人弁当」を思い出す。

藍君も腕組みをして、ウーンと慨嘆してから、

「飯田線・駅弁のない旅」

と、ひとりごとのようにつぶやく。

意気消沈の私たちと賑やかな女子中高校生を乗せた老朽電車は、飯田の町を大きく迂回すると、ふたたび天竜川に沿い、伊那盆地の小駅に小まめに停っていく。駅ごとに女の子たちが降りて、車内が元の静けさに戻る。

谷が狭まって13時05分、天竜峡に着く。ここは飯田線の主要駅であり観光地でもあるので、売店ぐらいはあるだろう。停車時間は二分しかないが、せめてパンでも買ってこようと私たちは外へ飛び出した。藍君は線路を渡って駅舎の売店へと走り、私は車掌に発車を待ってくれと頼むのが役割である。

甘いパンとミルクの淋しい昼食のうちに電車は鉄橋を渡り、天竜川の左岸に移る。ここで車窓の景観が一変した。長かった伊那盆地が尽きて、「天竜下り」の山峡に入ったのである。旧伊那電気軌道も天竜峡までで、これから三河川合までの七一・〇キ

ロは旧三信鉄道の路線、開通したのは昭和一二年であった。

天竜川は谷を押し広げようとするかのように蛇行している。流れが向う岸を削っているときは、こちら側に河原があり、ときには狭いながら茶畑や小集落があるが、返す刀のように流れがこっちへ向ってくると、きり立った崖になり、脚下に碧い水面が迫る。いまにも崩れそうな崖っぷちを、電車は速度を落として通過する。ここから下流にかけては佐久間ダムをはじめダムがいくつもできて、天竜の激流は影をひそめてしまったというが、それでもスリルがある。

かつては飯田線といえば「雨で不通」が対句のようになっていた。ちょっとした雨が降るたびに、この区間の路盤が崩れたのである。いまは護岸設備が強化され、天竜の水量も減って、飯田線不通の掲示を見ることは少なくなったが、「固定警戒番舎」という保線係の仮泊所が線路際のところどころにある。

そういう区間なので駅間距離はいくらか長くなったが、それでも平均三キロぐらいで駅がある。乗車率も天竜峡からのほうがよい。道路事情がわるいので、谷底に住む人にとっては飯田線が唯一の足なのであろう。

田本という無人駅がある。崖の中腹に張りつくようにホームがあるだけで、駅舎はもとより物置小屋ひとつない。一軒の人家もない。人が住める地形ではないのである。

こんなところに駅をつくる必要があるのだろうかと首をかしげながら、ホームにつながる小径を眼で追っていくと、いったん山を巻いてから谷底に下り、吊橋へとつづいている。対岸に人家は見えないが、どこかにあるのだろう。

天竜峡からの客は、やや大きな集落の温田と平岡で下車し、また車内が閑散となった。このあたりが辰野と豊橋の中間地点である。

「これで半分乗ったわけだけど、どうですか、飯田線の印象は？」

と藍君に訊ねてみる。

「まだ退屈しません」

「でも、さっき欠伸をしていたじゃないですか」

「欠伸ぐらいは出ます」

天竜川の水が滞留しはじめた。水没した樹々の梢が水面に並んでいる。佐久間ダムの建設によって出来たダム湖である。

電車は大嵐で天竜川と別れ、全長五〇六三メートルの大原トンネルに入って水窪へと抜ける。飯田線としては異常に長いトンネルであるが、これは大嵐—佐久間間の線路が水没するため、ダムと同時に建設された迂回新線である。秋葉街道に沿う林業の町水窪は佐久間ダムのおかげで鉄道の恩恵に浴すことになったわけだ。もっとも、材木の積出しはトラックだろうけれど。

その水窪の貯木場や製材所群を高い位置から見下ろし、天竜川の支流の水窪川に沿って下ると、全長三六一九メートルの峰トンネルに入って佐久間に抜ける。このトンネルもダム建設にともなって掘られたもので、ダム建設とは何かと金のかかるものだと思う。

佐久間と、つぎの中部天竜との間で佐久間発電所の排水口の上を渡る。出力三五万キロワットの大発電所だけに噴流する水の量感はなかなかのもので、見ごたえがあった。

このあたりまで下ってくると、もう遠江(とおとうみ)で、伊那谷とは雰囲気(ふんいき)がちがう。まだ前後左右ともに山ではあるが、山容が穏やかになって茶畑が目立ち、家々のつくりも開放的だ。いつのまにか空も青く晴れている。冬の早い夕暮が近づいているのに、車窓が明るくなった。

秋葉路やァ、と唸(うな)りたくなるような明るくのどかな山間(やまあい)をしばらく走ると、遠江から三河に入り、まもなくやや長い古びたトンネルを抜ける。このトンネルを境に水系が天竜川から豊川に変り、三河川合に着く。

三河川合から一七・三キロ先の大海(おおみ)までが旧鳳来寺(ほうらいじ)鉄道、そして大海から豊橋までが旧豊川鉄道の路線である。

旧鳳来寺鉄道の区間は、短いながら見所に富んでいる。

まず左窓に鳳来峡の特異な渓流美が五キロに渡って展開する。河床は板を敷いたような一面の流紋岩で、その上を透きとおった水が川幅いっぱいに流れている。この渓流は、もっと広く知られてよいと思う。

鳳来峡が終りかかると、湯谷温泉がある。飯田線の沿線では唯一の温泉だろう。温泉場が見所かと言われると困るが、私は温泉旅館群を汽車の窓から眺めるのは好きである。

この付近はブッポウソウで知られる鳳来寺山の麓だけに深山の気が漂い、豊橋に近いわりには幽邃だ。

そして、湯谷から一〇分余で長篠城跡の中を走る。「本丸跡」の立札も見え、城の構えがよくわかる。そのつぎの鳥居は、武田勝頼に捕えられながら長篠城に向って「援軍来たる」と叫んだ鳥居強右衛門に因む駅名で、処刑跡の碑を車窓から見ることができる。

日が傾いて15時36分、大海着。鳳来寺鉄道と豊川鉄道とが接続していた由緒ある駅だが、いまは急行の停らない小駅になっている。大海では下り急行「伊那5号」との交換のため一〇分停車する。はじめての長時間停車である。この一〇分停車が飯田だったらと思う。また腹がすいてきた。

大海から豊橋までは、織田信長の鉄砲隊が武田勝頼軍を破った設楽原古戦場の近くを通るという以外に、これといったものがなく、豊川稲荷も見えない。しかも、大海から二つ目の茶臼山からは汗臭く騒がしい高校生がどっと乗りこんできて、車内が黒光りの制服でいっぱいになった。

飯田線各駅停車の旅は終りに近づいた。伊那谷も天竜川も遠くなった。沿線に新しい住宅やマンションが目立ってきた。豊橋は、もうすぐである。

「どうでしたか、飯田線の印象は？」

と、私は三時間前とおなじことを訊ねた。

「案外おもしろかったです。ただ、最後が騒々しくなったのが、ちょっと……。やっぱり、豊橋から乗ったほうがよかったのかなあ」

「それにしても、腹が空きましたな」

「豊橋に着いたら、おいしいものを食べましょう。あと五分」

右から名鉄の線路が近づいてきた。ついで東海道本線と新幹線も寄り添ってきた。そして、その向うに赤鬼のような太陽が、もの好きめ、と嗤うかのように沈みかかっていた。

東京―札幌・孤独な二人旅

冊子形式の時刻表で日本最古のものとされるのは「明治廿七年十月五日發兌」の『汽車汽船旅行案内・第壹號』（東京・庚寅新誌社）で、その復刻版（広島・あき書房・昭和五六年七月刊）が私の手もとにある。

広告欄を見ると、

「箱根溫泉　宮の下旅館　奈良屋兵治。當地ハ箱根七湯中央ノ溫泉所ナリ　國府津停車場ヨリ湯本マテ鐵道馬車　夫ヨリ壹里半人力車」

という時刻表にふさわしいもののほか、

「新式獵銃及拳銃各種大販賣。横濱市本町二丁目　金丸謙次郎」

「慶應義塾幼稚舍。滿六歳以上十五歳以下ノ兒童ハ何時□テモ入學ヲ許ルス○規則書入用ノ向ヘハ御中越次第進呈スベシ」

等々が載っていて、なかなか愉快なのであるが、この『汽車汽船旅行案内』によって当時の東京―札幌間の時刻をしらべてみると、つぎのようになっている。

まず、上野発午後二時三〇分（日本鐵道）―青森着翌日午後四時〇〇分。青森までの直通列車は、この一本のみである。

函館（はこだて）から先の鉄道はまだ開通していないので、青森からは日本郵船の船で室蘭（むろらん）へ渡るのだが、「日本郵船株式會社定期航海日時表」の「青森室蘭間」の欄には「毎日夜十時　青森出航」とあるのみで、室蘭に何時に着けるのかはわからない。

しかし、青森―室蘭間の航路の所要時間が一〇時間以上であったことは確実だから、翌日の室蘭発午前八時一〇分の手宮（てみや）（小樽（おたる）港）行の列車には間に合わない。室蘭から札幌（さっぽろ）、小樽方面への列車は、この一本しかないので、乗客は室蘭で一泊し、上野発から数えて四日目の室蘭発八時一〇分の列車に乗ったと思われる。そして、札幌着が午後四時一六分。上野から七三時間四六分を要したことになる。

明治三七年になると、函館本線が全通し、四一年には青森―函館間に国鉄の連絡船が就航して、上野発午前九時三〇分、札幌着翌日午後一一時〇七分、所要時間は三七時間三七分となり、大正一四年には上野発午後一時〇〇分、札幌着翌日午後一〇時一四分で、三三時間一四分になった。

さらに、戦前の鉄道の黄金時代を築いたとされる昭和九年一二月の時刻改正では、上野発午後七時〇〇分、札幌着翌日午後七時四〇分となって、二四時間四〇分にまで短縮された。私は昭和一七年の夏休みに、この列車で札幌まで行ったことがあり、そのときの感激を忘れることができない。

昭和九年に築かれた上野―札幌間二四時間四〇分という記録は、戦争を挟んで、なかなか破られず、ようやく昭和三三年一〇月、東北本線に初の特急「はつかり」が登場して、二三時間三四分になった。

その後、昭和三六年一〇月には一九時間五五分、東北本線の複線電化が完成した昭和四三年一〇月には、上野発一六時〇〇分、札幌着翌朝八時五五分となって、一六時間五五分まで短縮された。私は、短縮されるたびに乗っていたが、夕方に東京を発って翌朝札幌に着けるとは、なんて便利になったものかと思ったものだ。

けれども、いくら短縮されても、東京から札幌へ行くには車中または船中で一夜を明かさねばならぬことに変りはなかった。明治いらい、そうなのであった。鹿児島でさえ、その日のうちに着けるという、国鉄用語の「日着」が可能になっても、札幌へは一夜明けなければ到着できないのであった。つまり、

明治二七年　七三時間四六分（三泊）
明治四一年　三七時間三七分（一泊）
大正一四年　三三時間一四分（一泊）
昭和　九年　二四時間四〇分（一泊）
昭和三三年　二三時間三四分（一泊）
昭和三六年　一九時間五五分（一泊）

昭和四三年　一六時間五五分（一泊）

というふうに短縮されてきたのだが、「車船中一泊」の壁は破れなかったのである。

昭和五七年一一月一五日、日本鉄道史上、画期的な日がきた。東北新幹線の増発にともなうダイヤ改正によって、東京から札幌までその日のうちに到達できるという夢が、ついに実現したのである。

「どうです。とうとう札幌まで、その日のうちに行けるようになったのです」

と私は言った。相手は、おなじみの藍孝夫君である。

「はあ、そうですか」

と、藍君の反応は冴えない。

冴えないけれど悪い感じではない。飛行機なら、などと野暮なことは言わないし、時代錯誤を蔑む笑みを浮かべたりもしない。誠実に、無感動に、私の話を受けとめている。

こういう相手にめぐり会うことは、いまや非常に少なくなってきている。もちろん、鉄道ファンなら話は通じるし、数も多いけれど、同じ穴の中の同志が集って万歳を三唱してみても、つまらない。

「その日のうちに札幌まで行くには、朝何時に乗ればいいんですか」

と藍君が訊ねる。

「上野発7時17分のリレー号に乗ると、これが大宮発8時ちょうどの東北新幹線に接続して……」

「やっぱり、朝早く出かけなくちゃいけないんですね」

「7時17分なら早くないでしょう。世間は藍君より、ずっと早起きです」

「それで、札幌に着くのは何時なのですか」

「23時25分」

藍色の小鬼が苦笑した。

ややあって、

「いまでも、夜行列車は走っているのですか」

と藍君が言う。

「ありますよ。上野発19時50分の寝台特急に乗れば札幌着が翌日の13時50分、22時20分発なら札幌着15時55分」

「なるほど」

「それから、上野を17時17分のリレー号で出発して、大宮から新幹線、盛岡で乗りかえて、青函連絡船のなかでひと眠りして、札幌に着くのが8時57分というのもある。これがいちばん速い」

「とすると、上野から札幌まで一五時間と四〇分ですか。あれ？　朝七時何分かに出て夜の一一時何分かに着くのより速いのかな」

「そうです。上野を夕方に発つほうが二八分ばかり速い。すっきりしないけれど、いろいろな関係で、そうなっています」

「じゃあ、朝から夜遅くまで一六時間以上も座席に坐っているより、夜行で行くほうが楽ですね」

「どっちが楽かという話をしてるつもりはないんだけど」

「はあ」

「とにかく、こんどは東京を朝発って夜札幌に着くのに乗りましょう」

と私は、かまわず言った。


三月二一日（昭和五八年）、春分の日。曇。

上野発7時17分の「新幹線リレー号」で出発。これから大宮、盛岡、青森、函館と、乗りかえが四回ある。

上りの通勤電車と、つぎつぎにすれちがって、7時43分、大宮着。ここでも通勤客が列をつくって上り電車を待っている。立食ソバのスタンドにも客が群がっている。

働きに出かける人と、なんとなく札幌へ向う私たちとが、大宮駅のホームや階段で入り乱れているわけだが、この人たちが北海道へ出張するとなれば、もちろん飛行機で私たちの頭上高く飛び越して行くのだろう。東京—札幌間の国鉄対飛行機のシェアは、昭和四〇年度を境に逆転し、現在は飛行機利用客が九五パーセント、国鉄はわずか五パーセントだという。

二人とも朝食をとらずに家を出てきたので、駅弁を買う。私は幕の内、藍君は牛めしである。

駅弁と、みそ汁のカップを手に、東北新幹線「やまびこ13号」の普通車指定席に乗りこむ。東北新幹線は相変らず乗車率がよく、ほとんど空席はなかった。

「ずいぶん混んでますけど、このうち札幌まで行く物好きな客は何人いるのでしょうか」

と藍君が言う。

物好き、とはひっかかるが、たぶん、いないか、いても数人ではなかろうか、と残念ながら、そう思う。しかし、私は、

「飛行機には絶対に乗らないという人がいますね」

と言った。

「でも、その人たちは夜行の寝台で行くんじゃないでしょうか」

「寝台車が嫌いだという人もいます。概して女性に多いようです」

「そのかわり、女性は飛行機に平気で乗りますね。男みたいに怖がらない」

「女は神経が一本足りないですからね。スチュワーデスなんかに、よくなると思って感心している」

「とすると、誰がこの汽車に乗って札幌まで行くのかなあ」

定刻8時00分、「やまびこ13号」は寸秒たがわぬ正確さで大宮を発車した。私は汽車に乗るとき、かならず電話の時報で秒針まで合わせて家を出る。

「どうです。この正確な発車ぶり」

私は藍君に腕時計を見せた。

「会社で、北海道へ行くんだと言いますとね、ああ北海道か、いいなあって、みんな羨しがるのが普通なんですけど」

「そりゃそうでしょう。飛行機であっさり行けるようになって、だいぶ手擦れてきたけれど、まだまだ広々としてますからね」

「ところが、汽車と連絡船を乗継いで一六時間かけて札幌まで行くのだと言うと、みんな、それは気の毒、と同情するんです」

「一人ぐらいは、それは面白そうだという人がいてもいいと思うがなあ」

「それが、一人もいないんです」

「困った会社ですな」

「一人ぐらいいてもいいですよね」

「それで、ご本人はどうなんですか。自分に同情しながら乗っているってわけですか」

「そんなことはありません。いい経験だと思ってます」

いい経験……。

「やまびこ13号」は真新しい高架橋を北へ向って快走している。

高い位置から眺めると、在来線の車窓とはちがう関東平野の貌が見える。ずいぶん雑木林が多い。古い農家は、その雑木林を北に負い、新興住宅は吹きっさらしの所に建てられている。

利根川を渡り、小山を通過して、8時30分、宇都宮に停車した。

「もう宇都宮ですか。三〇分で宇都宮とは速いなあ。車だと一時間はかかりますね」

と、藍君も、たまには私を喜ばせることを言う。そういえば、大宮を発車してまもなく、「二〇〇キロも出しているのに揺れませんね」とも言った。

宇都宮を過ぎると、左窓に高原山や那須岳の山なみが見えてくる。きょうは曇だが、雲が高いので雪を頂いた山々の全容が、よく見える。

九時すこし前、白河の関を過ぎて福島県に入り、郡山を9時11分に発車すると、安達太良山と吾妻山が近づいてくる。那須岳あたりでは上半分だけ白かった山が、ここまで来ると裾まで白く被われ、線路際の日蔭に雪が見られるようになった。鉄道にかぎらず、旅は東西よりも南北方向のほうが面白いと私は思っているが、さすがに新幹線で、大宮からわずか一時間余で「みちのく」の旅情を漂わしはじめた。

福島着9時28分。また藍君が、

「さすがに速いですね」

と言った。

二度も感心されると、自分のことを賞められたように面映ゆい。少々照れる。だから、

「もし飛行機だったら、いまごろは、どのあたりを飛んでいますかな」

と、寝ている子を起こすようなことを私は言った。

藍君は急に生き生きとして、私の傍らに置いてあった時刻表を手にとった。

「上野に行かずに浜松町からモノレールに乗ったとしますと、七時四〇分か五〇分には羽田に着けますね。とすると、8時20分発の全日空に間に合って、千歳に着くのが9時45分。ありゃりゃ、あと一五分で着いちゃいます」

こちらは、あと一四時間である。

しかし、汽車にもいいところがあって、あちらは着陸態勢に入ってベルトなど締め

させられ、ぐらぐら揺れているはずだが、こちらは車内販売が来る。車内に大きな荷物だって持ちこめる。

藍君は大きな布袋を網棚に乗せている。北海道の寒さに備えて衣類をたくさん詰めてきたのだそうだ。ほかにショルダー・バッグもある。藍君は一人者のせいか、なかなか小まめで、中にはいろいろな小道具が入っている。

そのバッグから藍君は、焼夷弾を思い出させるような黒い筒を取り出した。

「それ、なんですか」

「魔法瓶です」

私の見たことない形だが、内部がステンレス製なので割れないし、保温性もよいの

だそうだ。

「中身は燗酒ですか」

「いえ、ただのお湯です」

それからプラスチックのカップと棒状の袋が出てきて、朝のコーヒーをご馳走になる。

9時59分着の仙台で半数の客が下車し、おなじぐらいの客が乗った。

一ノ関を過ぎると、雪が田畑を被いはじめ、右窓に北上川が近づいてきた。左窓になだらかな白い稜線を見せているのは秋田、岩手、宮城の三県にまたがる栗駒山で、とくに際立った山容ではないが、東北地方らしいのどかな形の山だ。

北上川が幅を狭めるにつれ、雪も深くなって、「やまびこ13号」は11時17分、定められた時刻どおり盛岡に着いた。

つぎに乗るのは、11時30分発の特急「はつかり7号」青森行である。「はつかり」は上野―青森間の特急としてなじまれてきたが、東北新幹線が開通してからは、盛岡―青森間を行ったり来たりするだけになっている。

新幹線の駅は空港とおなじように個性も味もない。「盛岡」と書いてあるから盛岡に着いたなと思うけれど、盛岡の臭いは漂ってこない。

それにくらべると、在来線はちがう。といっても、駅の機能上、あまり個性的になるわけにはいかないのだが、やはり長く使いこんできただけに、その土地の香りがする。新幹線から在来線のホームに下りると、よそ行きから普段着に着かえたような気安さを覚える。

さまざまな駅弁を積んだワゴンが行き交っている。東北本線は駅弁の宝庫で、種類が多く、地方色も豊かだ。盛岡の場合も、時刻表の欄外に列挙されているのを見ると、「馬ッ子わっぱ」「南部季節弁当」「チャグチャグ弁当」「こけし弁当」「三陸帆立弁当」「栗おこわ弁当」「くるみ弁当」「ジンギスカン弁当」「焼うに弁当」などなど、名称だけでは中身が何かわからないのが多いし、そのすべてが常備されているわけではないが、とにかく二〇種類もある。

多すぎて目移りがしているうちに、ベルが鳴って、何も買わずに車内に入る。定刻11時30分に盛岡を発車。

左窓の岩手山が近づくにつれ、形がよくなる。とくに啄木の生地である渋民を通過するあたりが最良で、富士山に似てくる。

その岩手山の眺めを遮るように、枯れたススキの薄茶色のレースが窓外を流れ、切通しに入る。抜けると、また岩手山が現れる。カメラを構えた藍君が、シャッターを切ろうとすると、岩手山が隠れ、諦めると、また姿を見せる。高架橋上を走ってきた新幹線と地面に線路を敷いた在来線とでは、何かと感触を異にする。新幹線の時速二〇〇キロにたいし、「はつかり7号」は一〇〇キロ程度で走っているのに、揺れのほうは、むしろ大きい。

しかし、揺れに身を任せながら窓外に眼をやっていた藍君は、しばらくすると、

「汽車は、このくらいの速さがちょうどいいですね」

と感想を洩らした。

これは私に言わせれば、相当に高級な感想で、乗りものには、それぞれ分相応の速さというものがあるように思われてならない。在来線の幹線なら九〇キロぐらい、ローカル線で約五〇キロ、東海道新幹線も一五〇キロぐらいのときが、いちばん自然である。

だから、珍しく藍君に同感の意を表して、鉄道の速度に関する私見を述べたあと、

「飛行機もDC3の三〇〇キロぐらいが適度ですな」

とつけ加えた。藍君もうなずいた。ついでに、車は一般道路で三〇キロか四〇キロ、高速道路では六〇キロが妥当と言おうと思ったが、これはやめにした。意見が合わないに決っている。

十三本木峠を越えて陸奥国に入り、一戸、北福岡、三戸に停車しながら馬淵川に沿

って下ると八戸(はちのへ)で、ここからは寒々とした湿地帯を行く。湿原には葉を落としたミズナラ、ヤチダモなどが痩(や)せた枝をくねらせて点在し、北海道のさい果てを思わせる。

野辺地(のへじ)を過ぎると陸奥湾の岸に沿う。湾の向うに恐山(おそれざん)が見えている。

その陸奥湾へ八甲田山の裾が長く突き出している。東北本線はそれを迂回(うかい)するので、青森に近づくと、札幌に背を向けて南へと走る箇所がある。左窓にあるべき太陽が右窓からさしこむ。

青森着14時05分。

青函連絡船の出航は14時55分である。

「五〇分も待ち時間があるんですね。これが一五分か二〇分で連絡してくれれば一一時前に札幌に着けるのに、どうしてなのかなあ」

と藍君が言う。じつは、そうなのであって、東京から札幌までその日に到達できるようになった、画期的なことだと藍君を煽(あお)り立て、こうやって札幌へ向っているものの、国鉄当局には東京から札幌へ直行する客の便宜をはかろうとした気配はない。上野発7時17分のリレー号に乗れば、その日の夜23時25分に札幌に着くという一見画期的なダイヤは、たまたまそういう結果になったにすぎないのである。

待ち時間を利用して駅前の市場を一巡し、カレイの安いのに驚いてから、国鉄連絡船の羊蹄丸(ようていまる)に乗りこむ。やはり船で、事務長らに迎えられてタラップから甲板へ足を踏み入れるときの気分はわるくない。

けれども、船内の掲示には「羊蹄丸　五三七六トン　昭和40年8月5日建造　日立造船桜島工場」とあって、耐用年数の限度が近づいている。一年前の昭和三九年に建造された同型の津軽丸や松前丸は、すでに廃船になった。

青函トンネルの開通が近づいて、客船の新造計画はない。貨物船を客船に改装して当面の補充をする方針だそうで、すでに石狩丸、檜山丸（ひやままる）の二隻（せき）の旧貨物船が就航している。

羊蹄丸は、連休と春休みのせいか、珍しく客が多かった。普通船室の平土間など、どの仕切りにも客が一組か二組はいて、寝そべったり、車座になって酒盛りをしたりしていた。私は一年に三回ぐらいは青函連絡船に乗っているが、いつも回送船のように寥々（りょうりょう）としていた。こんな盛況の青函連絡船に乗るのは、ひさしぶりである。

「グリーン船室があるようですが、そっちへ替りましょうか」

と藍君が言ってくれる。

「沈没するとき、先にボートに乗せてくれるかな」

「船だから、きっとそうですよね」

しかし、私は辞退した。飛行機との運賃の差を縮めたくなかった。

蛍の光が岸壁に流れて、14時55分に青森を出航。函館まで三時間五〇分の船旅である。

青森の町と八甲田山が白波の向うに遠ざかり、一時間もすると羊蹄丸は平館海峡にさしかかる。

右舷の下北半島も左舷の津軽半島も、海岸というのに真っ白な冬景色で、その上を古綿のような雲が被っている。青森県の桜が咲くのは四月末である。

「青函連絡船に乗るのは、これがはじめてで最後だと思います」

などと藍君が言うものだから、船内を案内して回ったり、寒いのを我慢して舷側にもたれたりしているのだが、どうも船というものは景色がほとんど動かないので退屈だ。汽車の窓からチラと海が見えてトンネルに入ると、海上に船を浮かべて存分に眺めたい衝動に駆られるが、船に乗ってみれば、まだるっこしい。もっと速く走れないものかと思う。

「船旅をしていると頭の回転が鈍くなるそうですね」

と藍君が言った。

夕べの気配が津軽海峡を包んで、海上に靄がかかってきた。いつもなら左舷に津軽半島北端の竜飛崎と渡島半島南端の白神岬とが、相寄ろうとするかのように向き合っているのだが、きょうは陸海空の境が定かでない。

船内の食堂で「海峡ラーメン」という生ぬるくて非常にまずいラーメンを食べてから、平土間船室で鞄を枕に二人ともまどろむ。

私のほうが先に眼を覚ます。六時を過ぎている。函館着は18時45分の予定である。

右舷に出てみると、間近に函館山の大きな黒い影があり、それに抱かれた函館の町の灯が散らばっている。

藍君にも見せたくなって、船室に戻ったが、気持よさそうに眠っている。起こしたものかどうかと小鬼の寝顔を眺めながら思案しているうちに、まもなく函館ですとの船内放送があって、小鬼の眼が開いた。

羊蹄丸から下船すると、通路が右と左に分れる。右が函館市内への出口で、大半の客はそちらへと進み、函館本線への連絡通路の客は少ない。

階段を下って、暗くて長い函館本線のホームにおりると、先のほうに19時00分発の札幌行特急「北斗7号」が、テールマークだけを明るく光らせて待機していた。

しかし、車内は混んでいて、自由席も指定席もグリーン車も、ほとんど満席であった。どうやら青函連絡船からの乗継ぎ客よりも道内の客が主力らしい。

私たちは指定券を買っておいたからよいけれど、自由席だったら離れ離れにしか坐れなかっただろう。藍君と朝から夜おそくまで、べったりくっついている必要はないけれど。

もう一二時間も顔をつき合わしていて、お互いに鮮度が落ちてきたが、最終アンカーの列車に無事乗りこめたことを祝して缶ビールで乾杯するうちに、ベルが鳴り、「北斗7号」は19時00分、ブルブルンとディーゼルエンジンを震わせて発車した。

すでに日は暮れきって、函館の町を出はずれると、灯火もまばらになった。

車内のみ徒らに明るく、席も家族連れなどでふさがっているが、連休の最後の夜とて、疲れが漂い、子どもは眠っている。

元気なのは車内販売のお姐さんだけで、これはニコニコと嬉しそうに、そして大きな声で通路を行ったり来たりする。何かいいことがあったのじゃないかと思うほどだ。一般に東北、北海道の売り子嬢は商売熱心で愛想もよい。

窓外は月明りもない暗闇で、車内の光に照らし出された線路際の雪のほかには何も見えないが、駒ケ岳の裾をS字カーブを描きながら下る気配があって、19時44分、「いかめし」の駅弁で知られる森を通過。ここから内浦湾の岸辺に沿う平坦な路線になって、ディーゼル特急「北斗7号」は速度を上げた。

明治一一年に旧尾張藩主徳川慶勝が開いた酪農の先進地八雲に停車し、さらに雪を巻き上げながら湾岸を快走すると、室蘭本線と函館本線の分岐駅長万部が近づき、「接続列車のご案内を申し上げます。黒松内、倶知安、小樽方面は2時52分、国縫、今金、瀬棚方面は6時41分、いずれも、あすの朝の連絡です」
との車内放送がある。「あすの朝の連絡」とは北海道独得ではないかと思う。本州では「あすの朝まで列車はありません」と言う。

長万部を定刻の20時36分に発車した。どうやら、きょう中に札幌に着けそうである。私たちは食堂車へ行き、また乾杯してから「えぞ定食」というのを注文した。

21時41分着の東室蘭で四分の一ほどの客が下車し、22時26分着の苫小牧では、もっとたくさん降りて、空席のほうが多くなった。函館から乗ったときは、みんな札幌へ帰る客なのだろうと勝手に想像したが、途中で下車する客が意外に多い。札幌着が23時25分では遅すぎるのだろうか。

「東京から札幌まで通しで乗ってきた客がいたかどうか、知りたいですね」
と藍君が言う。

「知りたいけど、調べようがないなあ」
そのとき、あの元気な売り子嬢が、にこやかに、そして大きな声で通り過ぎて行った。もう一五回ぐらい往復したはずだから相当な重労働であり、こちらにとっても多少うるさいが、彼女がやってくると、沈滞した車内に活気が通う。

「あの子のような大きな声で、上野からぶっ通しで乗ってきた方はいませんかあって、怒鳴りながら歩いてみますかな」

そこまでやる度胸はないので、私は車掌室へ行って車掌長に訊ねてみた。検札の際に、ひょっとして、それとわかる客に接したかもしれないと思ったからである。

車掌長は、けさ7時17分に上野を発って通しで乗ってきた者だがと切り出した私を、驚きの眼で眺め、それから、ありがとうございます、と丁寧に言った。しかし、肝心の質問については、

「東京からの周遊券のお客さんはいらっしゃいましたが、けさ上野からお乗りになったかどうかは、私どもの車内改札ではわかりかねるのです」

と答えるのみであった。それはそうであろう。

「北斗7号」は22時48分、千歳空港駅を定刻に発車した。つぎは終着の札幌である。

千歳空港からは札幌の通勤圏内となり、住宅地が続々と造成されている。けれども、すでに家々の灯は消えて、通過する駅のホームの照明のみが虚しく過ぎていく。なんだか夜行列車に乗っているかのようだ。時刻は、まだきょうの内だが、あすの未明と異るところがない。やはり、午後九時か、遅くとも一〇

東京—札幌「日着」スケジュール
—昭和58年3月現在—

発駅	発時刻	列車	着時刻	着駅
上野	7:17	(リレー号)	7:43	大宮
大宮	8:00	(やまびこ13号)	11:17	盛岡
盛岡	11:30	(はつかり7号)	14:05	青森
青森	14:55	(青函連絡船)	18:45	函館
函館	19:00	(北斗7号)	23:25	札幌

時までに着かないと、本当の「日着」とは言えないのかもしれない。

23時13分、新札幌を通過するあたりから灯火が点々としはじめた。

車内放送のチャイムが鳴った。

「ながいあいだお疲れさまでした。あと五分で札幌に着きます。札幌からの接続のご案内を申し上げます。桑園、琴似、手稲方面は23時45分発……」

にわかに窓外が目映くなった。林立するホテルの窓には明りが灯り、街路にはネオンがまだ点滅している。

「北斗7号」は定刻23時25分、札幌駅の3番線に到着した。

改札口を出た客たちは地下鉄への階段を降りていく。地下鉄はまだ走っている。

私たちは街の灯が残雪を照らす駅前通りへ出た。今夜の宿は駅に近いビジネスホテルである。凍りかけた歩道の雪が固い音を立てた。

その歩道の上で酔客が肩を組んでいる。ホテルのロビーの隅では若い男女が思案顔に佇んでいる。札幌は、まだ「きょう」の営みをつづけているようであった

乗りつぎ乗りかえ流氷の海

東京から一六時間かけて、はるばる札幌まで来たからには、さらに先へ、さい果てへと行ってみたい。さいわい流氷が眺められるとの情報が入っている。

きょうは三月二二日で、正常な季節であれば「海明け」、つまり流氷が去る頃なのだが、今年は寒波の襲来が遅かったために、まだ流氷が居坐っているという。

日本列島の自然の景観は小味だ。春夏秋冬、四季折り折りの微妙な変化があり、おなじ所でも季節を変えて訪れてみると、またちがった風趣があって、それなりに味わいがあるのだが、雄大な風景となると、地勢の規模が小さいので、これといって世界に誇示するものがない。

そのなかにあっての例外は冬のオホーツク海岸を埋める流氷であろう。ひしめき合い、せめぎ合いながら水平線の向うまで埋めつくした氷塊原の容赦なさは荘厳でさえあり、日本にいることを忘れさせるものがある。

きょうは、その流氷を藍君と二人で見ようと思う。こんどこそ誰もがうらやむ「ぜいたく」な旅になるだろう。藍君はクルマを駆って北海道を一周したことはあるが、流氷を見たことはないという。

札幌発7時00分の網走行特急「オホーツク1号」は流氷をあしらったヘッドマークをつけていた。

きょうは、まず「オホーツク1号」で遠軽まで行き、そのあと、名寄本線、興浜南線、宗谷バス、興浜北線、天北線と乗継いで、流氷を眺めながら、ひたすらオホーツク海岸を北上し、19時35分に稚内へ到達する予定になっている。

「これから一二時間半の乗りづめ。大丈夫ですかな」

と私は言った。

「でも、きのうより三時間半も短いですね」

「そういえばそうだ。今晩は稚内で一杯やれる。こんなこと、はじめてじゃないですか」

「きのうは23時25分着。山陰本線の鈍行のときは、もっと遅くて、福知山に着いたのが……」

「23時51分だった」

「あのときは参ったなあ」

やっぱりそうだったか、と思う。

山陰本線の日本最長鈍行列車のときの藍君は、「これだけ乗っても、まだ午前中なんですねえ」と言ったり、アアーッとあくびをしたりということはあったが、弱音は吐かなかった。それどころか、終着駅に近づいたとき、「なんだか名残り惜しくなってきました、この汽車が」とつぶやいて私を喜ばせた。だから、まんざら汽車旅がきらいではないのかなと思っていたが、やはりそうではなかったらしい。それにしても、一年半前の本音をいまごろ言われると、当方は面くらう。

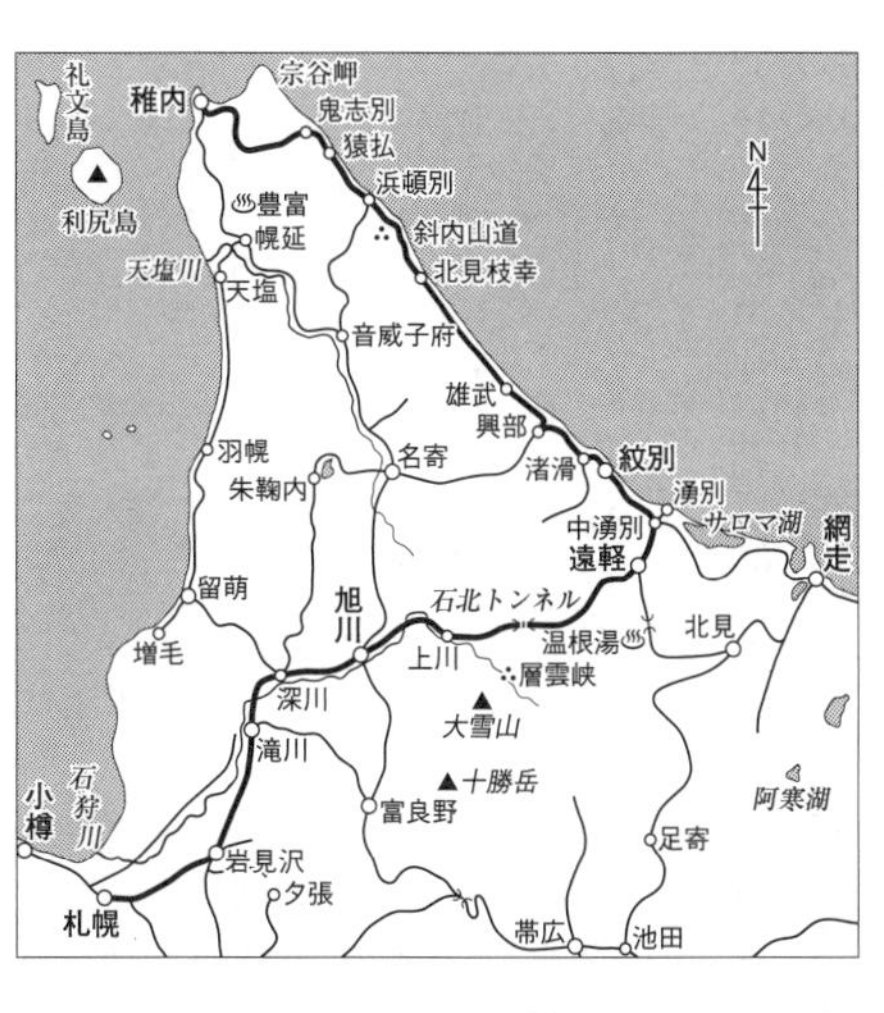

夜のうちに雪が降ったらしい。きのうは汚れていた線路際の残雪が真っ白に化粧しなおしている。

駅で買ったサンドイッチで朝食。藍君が、例の焼夷弾型魔法瓶を取り出してインスタント・コーヒーを調合してくれる。お湯は、けさ自分で沸かしたのだという。なかなか小まめではある。

岩見沢、滝川、旭川と進むにつれて雪が深くなった。屋根から落ちた雪が民家の軒先までうず高い。

9時34分、層雲峡入口の上川を発車すると、にわかに人家が稀になった。これから北見峠越えにかかる。この区間は北海道の鉄道建設史上でも、とくに難工事だったところで、動員されたアイヌ民族や網走刑務所の囚人たちが豪雪に悩まされ、ヒグマに襲われながら原生林を伐り拓いたという。北見峠の下に全長四三二九メートルの石北トンネルが掘り抜かれ、旭川とオホーツク海側とを直結する石北本線が全通したのは昭和七年一〇月であった。

「天幕」という山間の小駅を通過する。北海道の地名駅名は「札幌」（サッポロペッツ＝乾いた大きな川）のようにアイヌ語の音を漢字であらわしたもの、あるいは「上川」（ペニウングルコタン＝川の上流にある村）のように意味を訳したものがほとんどだが、この「天幕」は日本語で、道路工事の際、ここに天幕を張ったからだという。勾配が急になり、ディーゼル特急は体を震わせながら登って行く。けれども、うるさいはずのエンジンの音が雪に吸いこまれて静かである。

あたりは巨大なクリスマスツリーの林立だ。エゾマツ、トドマツの見分けもつかない。

ときどき雪の原生林の合間から深い谷をのぞかせるのは石狩川の支流のルベシベ川で、「越え下る道」の意。張り出した雪庇に被われて、ほとんど川面が見えない。

登りつめて、「標高六三四メートル」の標柱の立つ上越信号場を通過、石北トンネルに入る。

下り勾配になってエンジンの音が消え、「オホーツク1号」は性能が変ったように快走しはじめた。

悲惨な工事史に血塗られた石北トンネルをあっさり抜けると、オホーツク海に注ぐ湧別(ゆうべつ)川の源流で、熊笹(くまざさ)を洗いながら水が列車の進行方向に流れている。快く下るにつれて湧別川の川幅が見る見る広がり、ひさしぶりに集落が現れ、積雪も浅くなってきた。

10時51分、名寄本線への乗りかえ駅、遠軽に着く。

遠軽とは楽しい駅名だが、アイヌ語のインガルシペ（見張りをする所）で、駅の構内を見下ろすように屹立(きつりつ)する「瞰望岩(かんぼういわ)」が地名の起りである。高さ八一メートルもある釣鐘(つりがね)型の巨岩で、この上に立つとオホーツク海が見渡せるのだそうだ。四、五〇分あれば往復できそうなので、時間があれば登ってみたいのだが、遠軽で乗りかえるときは、いつも妙に接続がよくて、その機会がない。きょうならば藍君のリクリエーションにもなることだし、一石二鳥なのだが、今回もまた接続がよすぎて瞰望岩に登れない。名寄本線は北海道の各線のなかでは比較的運転本数の多いほうだけれど、こんどの11時04分発をやり過せば、つぎの列車まで三時間待たなければならない。

私たちが乗る11時04分発の列車は、さして大きくない遠軽駅の、その1番線の一部を切りこんで設けた「0番線」に停車していた。

ディーゼルカー三両という編成であるが、最後尾は回送車で、これは途中の渚滑で切り離される。まん中の車両は雄武行で、興部で切り離されて興浜南線に入る。先頭の一両だけが名寄まで行く。一両ずつバラバラにされてしまうわけで、人口密度の少ない北海道東北部ならではの車両の使い方だ。

これから乗る名寄本線、興浜南線、興浜北線、天北線の四線区は、いずれも廃線候補にあげられている路線である。沿線に人口三万の紋別市を有する名寄本線までが、はたして廃止されるかどうかは疑問だが、輸送密度という基準を機械的にあてはめた結果ではそうなっている。

けれども、駅弁の「かにめし」を買って乗りこんでみると、意外に乗車率がよい。座席の半分がふさがっている。ほとんどは地元の人たちだが、旅行者らしい青年もいる。

「あんがい混んでいますね」

と藍君が言う。北海道のローカル線はガラ空きだと私が吹聴してきたからだろう。

廃線候補にあげられた線区の沿線町村では「乗って残そう○○線」をスローガンに補助金を出すなどしているので、その影響が出ているのかもしれない。

私たちは、大きな風呂敷包みを脇に置いたおばさんの前に坐った。

「どちらから来なさった？」

と、おばさんが話しかけてきた。そして、

「層雲峡の旅館で働いとるけど、きょうは雄武の娘のところへ行こうと思っての」

ひとりごとのように言う。

雪原のなかを二〇分ほど走り、湧網線との接続駅、中湧別に着く。

赤や青の派手な布バッグやリュックの若者が、どっと乗りこんできた。団体ではない。一人旅か二人組がほとんどである。車内の雰囲気が変った。

私には彼らが何者であるかはわかる。鉄道ファンなのだ。春休み、廃線候補線、流氷と条件はそろっている。いっせいに中湧別から乗ってきたのは、網走発8時35分の湧網線がこの列車に接続しているからであろう。湧網線は能取湖やサロマ湖の岸を走り、海蝕崖の上から流氷を見下ろす箇所もあって、とくに景色のよいローカル線である。そして、湧網線もまた廃線候補になっている。

中湧別から四〇分余で紋別に着くと一般客の大半が下車して少し乗り、若者たちの数人が降りて何人か乗った。したがって、鉄道ファンの数のほうが多くなった。

その一人に、どこから来て、どこへ行くのかと訊ねてみた。札幌発22時15分の夜行急行「大雪5号」で網走、湧網線で中湧別、このあとは私たちとおなじコースで稚内へ。そこまでは私の予想どおりであったが、その前と後は私の想像を超えていた。この青年のコースの大要を記すと、

大阪（夜行）―東京（夜行）―青森―函館（夜行）―札幌（夜行）―釧路（夜行）―札幌（夜行）―稚内（夜行）―札幌（夜行）―網走―中湧別―

というのが現在までで、稚内から先は？　と訊ねれば、「利尻」がありますからと答えるのであった。「利尻」とは稚内発21時00分の札幌行夜行急行である。

「北海道には三大夜行急行があるので便利です」と彼は言う。「三大夜行急行」とは、札幌―釧路間の「まりも3号（上りは4号）」、札幌―網走間の「大雪5号（上りは6号）」、札幌―稚内間の「利尻」のことであるが、これを宿泊施設として利用しながら北海道内を行ったり来たりしているらしい。

これらの列車には寝台車が連結されているが、そんなぜいたくなものには乗らない。彼が手にしているのは「北海道ワイド周遊券」で、通用二〇日間。その期間内は北海道内の国鉄の全線に自由自在に乗れるし、普通車の自由席ならば特急券も急行券も不要という重宝なものである。

北海道ワイド周遊券は、大阪が出発地の場合で三五八〇〇円、東京ならば三一五〇〇円だが、一〇月から五月までは二割引になる。さらに学生は二割引だから二万円そ

こそこで二〇日間も自由に乗れるわけだ。

「いつまで北海道にいるつもり？」

「周遊券の通用期間ぎりぎりまでいようと思っています」

ワイド周遊券を利用せず、いちいち乗車券や急行券を買っていたならば、二〇万円は確実に越えるだろう。三〇万円ぐらいになるかもしれない。

「洗濯ものはどうするの？」

「帯広に知ってる家があるので、そこで一晩泊って洗濯するつもりです」

若い彼の眼中には、飛行機はもとより、新幹線も寝台車も駅前の安ホテルもないのであった。

紋別を発車すると、オホーツク海の岸に出た。若者たちの顔や上半身が、いっせいに右窓に吸い寄せられる。私たちも腰を浮かす。

オホーツク海は白一色。せめぎ合い、砕けながら押し寄せた氷塊群が視界のかぎりを埋めていた。どこまで続いているのか、水平線と雲とが溶け合って定かでない。渺々、茫洋としている。

これは「景色」と呼ぶにはふさわしくない。思わず眼を見はる景観ではあるが、美しいのか醜怪なのか。鑑賞や観賞の次元を超えている。

よく見ると、後ろから押してくる氷と前に立ちはだかる陸地との挟みうちにあって居場所がなくなったのであろう、氷原の上に乗り上げた氷塊がある。二つの氷片がΛ字型に取っ組み合っているのもある。しかし、いずれも、その姿勢のままで動きを止め、凍結している。横腹を見せた氷塊や氷片は、やや青味を帯びている。

渚滑で回送車を切り離し、二両になったディーゼルカーは流氷原を右に望みながら、12時58分、興部に着いた。ここで名寄行と雄武行とに分割される。私たちが乗るのは雄武行の車両である。

鉄道ファンの青年たちが車内に荷物を置いて改札口を出る。待合室に備えられたスタンプを捺し、窓口に行列をつくる。入場券を蒐めているのである。何枚も買っている少年もいる。

「あちこちの駅で入場券を買ってたら、周遊券とおなじくらいの出費になるんじゃないのかなあ」

と、藍君が心配する。

頭上をカラスの群が飛び交っている。冬はウミネコよりカラスの季節だ。

興部発13時17分。ここからが興浜南線である。一両になったディーゼルカーの車内は、若者の旅行者が二〇人余、ひとり旅の女性が一人、地元の人は一〇人たらずという割合になった。

ふたたび右窓に流氷の海が広がる。線路が敷かれている砂丘も雪に被われて白いので、海と陸との区別がつかない。

一両のディーゼルカーは、白い砂丘のなかに停(とま)った。何もないところだが、板張りの簡素なホームがあって「元沢木(もとさわき)仮乗降場」と書かれた小さな駅名標がある。全国版の時刻表には掲載されていないが、北海道には、こうした仮乗降場が一〇〇カ所余りある。元沢木では乗降客が一人もいなかった。高校が春休みに入ったからであろう。

二つの正規の駅と二つの仮乗降場に停車しながら興浜南線一九・九キロを三〇分で走って、13時47分、雄武に着いた。

小さな終着駅のホームに立って前方を眺(なが)めると、トンネルが見える。興浜南線という線名から察せられるように、線路を北へ延ばして興浜北線と手を結び、晴れて「興浜線」になりたいと願って掘ったトンネルである。もし戦争による工事中断がなく、全線が通じていれば、オホーツク海と流氷の眺めを満喫させる線として脚光を浴びただろう。けれども、手を結ぶことがないままに四〇余年を過した南北両線は年老い、共に廃線候補にあげられている。

この気の毒な区間を民営の宗谷バスが一日四往復している。こんどの発車は14時30分である。

四〇分ほど時間があるので、駅から近い港まで行ってみた。堤防の内側にまで流氷が押し寄せ、漁船は陸に引き上げられていた。

雄武から興浜北線の終点北見枝幸までは五四キロあり、バスで一時間一五分かかる。いっしょに雄武まで来た青年たちのうち、約半数の一一人がこのバスに乗った。あとは汽車で引返すらしい。

他に地元の客が一〇人ぐらい乗っていたが、発車して一〇分もすると、ほとんど下車してしまい、青年ばかりになった。

バスはオホーツク海岸に沿う国道238号線を、ひたすら走る。坦々とした広い道である。行き交う車は少なく、雄武の町を出はずれてからは信号がまったくなくなった。テープの女性の声が、つぎつぎに停留所名を告げる。エンコタン、オトイネップ、ウンベオマナイ……。しかし、降りる客も乗る客もなく、いずれも通過する。右窓には相変らず流氷の海が広がり、左窓には工事中止のまま放置された鉄道の路盤が見え隠れする。

海岸に番小屋が一軒、ぽつんと現れては過ぎていく。ときに小さな漁村が現れる。引き上げられた漁船が舷側を寄せ合って流氷の去る日を待っている。すべてが流氷とともに凍結されたかのように、ひっそりしている。

うしろの席の藍君を振り返ると、眠っている。私も眠くなってきた。まっすぐに続く国道をノンストップで坦々と走るバス、どこまでも同じように広がる流氷。青年たちも静かだ。動いているのはバスだけである。

まどろんでいるうちに流氷の様相が変った。

オホーツク海を埋め尽していたはずの流氷のあちこちに隙間(すきま)ができ、青黒い海面が見えている。氷も、これまでの「氷塊」から平たい「氷板」に変った。それが波で上下している。北へ行くほど流氷は厳しさを増すのかと思っていたが、逆である。今年は例年より流氷の着岸が遅かったかわりに離岸も遅れていると聞いていたが、ようやく「海明け」が近づいたようだ。

その薄らいだ流氷の海に低い岬(みさき)が突き出し、無線塔や煙突が立っている。近づくにつれて倉庫やビルも見えてきた。枝幸町である。人口一万人たらずの町だが、大都会に見える。

一時間ぶりに信号機が現れて町なかに入り、15時40分、バスターミナルに着いた。時刻表より五分早い。

枝幸のバスターミナルは国鉄の北見枝幸駅とは離れていて、歩いて一〇分ばかりかかる。最近は国鉄駅を相手にしないバス会社が増えてきた。

青年たちといっしょに駅へ向う。道端には残雪がうず高いが、さして寒くない。興(こう)浜北(ひんぽく)線は一日六往復で、こんどの発車は16時17分である。

バスターミナルのある町の中心部も、あまり賑やかではなかったが、町はずれにある駅前広場はひっそりとしていた。しかし、嬉しいことに小さな食堂が二軒あった。「駅前食堂」と「一級食堂」。

汽車やバスの窓から流氷を眺め、居眠りをしていても腹だけは空く。ふだんよりもかえって空く。私たちは「一級食堂」に入ってラーメンを注文した。きょうは、これが三度目の食事である。あと一回、稚内での本格的夕食が残っている。

食堂を出ると、木造平屋の駅舎を背景にして青年たちが写真を撮り合っていて、その一人が私に向って、

「きょうは、ここでお別れします」

と言う。この青年も周遊券と夜行列車を利用してぐるぐる回っている一人である。たしか雄武のバス停で立ち話をしたときは、まっすぐ稚内へ行くと言っていたはずだが、気が変ったらしい。

「バスを降りてここに来る途中に風呂屋がありましたでしょう。ひと風呂浴びてから、つぎの列車で行くことにしました」

「そうすると、稚内から夜行の『利尻』に乗れなくなるんじゃないの」

「ええ。でも、稚内から幌延行の終列車がありますから、それで行って幌延の待合室で寝ます」

青年は事もなげにそう言ってから、私に、

「稚内からは『利尻』ですか」

と訊ねた。

「いや、旅館に泊るつもり」

「はーあ」と青年の語尾が上り、別世界の人間を見るような眼をした。


北見枝幸発16時17分。これもディーゼルカー一両である。

「さっきの青年、稚内の旅館で泊ると言ったら、私たちを軽蔑の眼差しで見ましたね」

と藍君が言う。

「尊敬や羨望ではなかったけれど、軽蔑だったかなあ」

「私にはそんな感じがしました」

興浜北線は北見山地の北端が海に迫るところに敷かれているので、景色がよい。まず、「ウスタイベ千畳岩」というのが現れる。地殻変動で海面下から隆起した礫岩が広いテラスをつくっている。黒い岩と白い流氷との対照が鮮やかだ。

ディーゼルカーは岩礁の海岸を走る。岬をめぐるときは線路が高くなり、流氷を上から見下ろす。

すでに流氷は、雄武あたりで見たような厳しく凝結したものではなく、海面に浮かぶ大小の氷板群に変っている。穏やかで優しい流氷である。そして、まぎれもなく美しい。神々しささえある。藍君も車窓に張りついている。

まもなく沿線第一の見所である北見神威岬にさしかかる。

北見神威岬付近は「斜内山道」とも呼ばれる。標高四三九メートルの斜内山が海岸に迫り、その裾が恐竜の背のように鋭く海に突き出した難所である。それで、昔の人は海際を避けて山道を通った。「斜内」はアイヌ語のショナイで「滝のある谷川」のことだという。

昭和一一年に開通した興浜北線は、この難所の海岸線ぎりぎりのところに敷かれている。いまならば容赦なくトンネルを掘り抜いたであろうが、当時は手間と金のかかるトンネルを極力避けるのが鉄道工事の原則であった。

細く鋭い岬なので、この箇所のカーブはきつい。曲線半径が一三〇メートルぐらいしかない。異常な急カーブである。

一両のディーゼルカーは速度を落として、ゆっくりと岬をまわりはじめた。先端に達したときは流氷の海の上で宙に浮いたようになった。

北見神威岬を過ぎると窓外の景観は一変し、湿原に変る。海際の難路から解放されたディーゼルカーは速度を上げ、まっすぐに走りはじめる。流氷が車窓から消えた。

ここからは頓別原野で、北海道の果てらしい蕭条とした眺めが展開するはずなのだが、いまは一面の雪原で、田畑や牧場との区別がつきにくい。わずかに枯れたヨシの葉がのぞくだけである。

雪の原野のなかの頓別仮乗降場を過ぎると、つぎは終着の浜頓別で、まもなく左から天北線が合流する。

流氷の旅スケジュール

―昭和58年3月現在―

発駅	発時刻	経由	着時刻	着駅
札幌	7:00	（オホーツク1号）	10:51	遠軽
遠軽	11:04		12:58	興部
興部	13:17		13:47	雄武
雄武	14:30	（宗谷バス）	15:45	北見枝幸
北見枝幸	16:17		17:01	浜頓別
浜頓別	17:13		19:35	稚内

浜頓別着17時01分。天北線との接続は非常によく、こんどの稚内行は17時13分である。

天北線もまたディーゼルカー一両であった。車内は帰宅する通勤通学客で混んでいて、座席のほとんどがふさがっていた。私たちは離れ離れに坐った。

しかし、夕暮の頓別原野を西北へ向い、山軽、浅茅野、猿払と停車するたびに地元の客が降りて、ふたたび鉄道ファンの専用列車に変った。

17時54分、鬼志別着。ここで一一分停車して一両増結する。これは車両運用のつごうで、鬼志別から客がたくさん乗るわけではない。

青年たちが、いっせいに線路を渡って駅舎へ向う。停車時間のながい駅ではスタンプを捺したり入場券を買ったりするらしい。

鬼志別は、戦後、樺太からの引揚者が入植したところだが、あまりに地味が痩せているので離散する人が多かったという。

すでに日は落ちて、雪のホームを裸電球が照らしている。まだ青さを残す空を、塒へ帰るカラスの大集団が通り過ぎていく。カラスの多いところだ。

18時05分に鬼志別を発車し、小石という無人駅を過ぎると山中に入って登りにかかる。宗谷岬へとつづく山脈を越えるのである。

小石から分水嶺の向うの曲淵までは駅間距離が一七・七キロもあるが、その間には仮乗降場も信号所もない。人家の灯もない。車内の光に一瞬照らし出された木の幹や下草が闇の中へと消えていくばかりだ。

ディーゼルカーは北海道北辺の夜の山中を彷徨するかのように右へ左へとカーブしながら勾配を登り、そして下った。

曲淵を18時52分に発車した。日本最北端の駅稚内まで、あと四三分である。

「稚内のビジネスホテルを予約しておきましたけれど……」

と、突然、藍君が言う。

「そこへ荷物を置いたら、何かうまいものを食べに出ましょう」

と私。

「あのう、ホテルをキャンセルして、夜行の『利尻』に乗ってはどうでしょうか」

「助けてくれ」

と私は思わず言った。

「やっぱり、予定どおり稚内で泊りましょう。そうしましょう」

「そうですか。『利尻』に乗るほうが面白そうに思いますけどね」

「いや、稚内で泊る。齢だからくたびれた」

藍君は、にやりとしてから安堵の色を浮かべた。

紀伊半島一周ぜいたく寝台車

紀勢本線の夜行列車「はやたま号」に乗るべく、私たちは東京発13時36分の新幹線で出発した。

七月一七日（昭和五八年）、日曜日。今年の梅雨は長びいて、まだ明けない。けさから小雨が降ったりやんだりしている。前回は三月の北海道行だったから四カ月ぶりだ。

季節も行先も変って、藍孝夫君は白一色の軽装で、ズボンまで白い。なかなかオシャレで衣裳持ちである。白いズボンにコーヒーなどこぼしたら厄介だろうと思う。

私たちが手にしている切符は「南近畿ワイド周遊券」と「はやたま号」のB寝台券である。

「はやたま号」というのは、時刻表の愛読者ならば誰でも知っているし、知れば気になる列車なのだが、なぜ気になるかを、ふつうの人に説明しようとすると、労多くして笑われるだけという結果になりやすい。だから気がすすまないけれど、寝台車の現状について説明しておく程度ならよいだろう。

寝台車の歴史は「鉄道ぜいたく史」でもあった。有名な「オリエント急行」はオール寝台の豪華列車で、貴顕や富豪たちが個室におさまり、密室殺人の舞台になった。けれども、飛行機の普及は長距離列車の役割を奪い、客の質を変えた。

日本でも、昭和三三年に空調つきの寝台特急「あさかぜ号」が登場したときは「走るホテル」と騒がれ、切符の入手が困難なほどの人気だった。食堂車に行けば名士や歌手などの顔がチラホラし、華やいだ雰囲気があった。従業員も、優等列車に勤務する誇りに満ちて立ち働いていた。いまはちがう。高校生の団体などが目立ち、食堂車はさびれている。

アジアの諸国をはじめ、まだまだ夜行列車や寝台車の活躍している国は多いが、先進国においては、だいたいそういう傾向をたどっている。

が、鉄道には妙に粘り強いところがあって、一概にそうも言えない。世界を見渡すと、豪華な寝台列車を走らせている国がいくらもある。

現在、世界でもっともぜいたくな列車は、南ア共和国の「ブルー・トレイン号」で、一等のごときはベッド・ルームのほかに居間、キッチン、バス、トイレがついているという。ただし、一等の運賃はすこぶる高く、ヨハネスバーグ―ケープタウン間の一昼夜で、列車ボーイの二カ月分の給料が消えてしまう。さすがに差別と格差の国だが、つねに満員の盛況らしい。

そのつぎは、たぶんオーストラリアを横断する「インディアン・パシフィック号」で、これは私も乗ったことがある。折りたたみ式ベッドの個室は狭くるしかったが、バーつきのサロン・カーには、ゆったりしたソファーやピアノが置かれ、食堂車にはワイン係もいて、シドニーからパースまでの三泊四日を豪華な気分で過すことができた。運賃はさほどではなく、一等で約八万円、飛行機のエコノミー・クラスより若干高い程度であった。全食事込みだから、むしろ安いと言える。この列車も、三カ月前までに申込まないと切符が買えないほどの人気で、私が乗ったときも満室だった。

こうした盛況に刺激されてか、昨年から「新オリエント急行」が運転されるようになり、話題をまいた。

いずれも、移動のための手段というよりは乗ること自体を目的とする客に支えられてのことではあるが、かように豪華寝台列車は、土俵際(どひょうぎわ)で辛くも生き残っているのである。

ところで、日本の国鉄は、新幹線の三人掛けに象徴されるように大量輸送主義、詰めこみ主義で、ぜいたくとは縁遠い。人口密度が濃いうえに、先進諸国のなかでは抜群に鉄道利用客が多く、夏休み、年末年始、ゴールデン・ウィークなどの繁忙期もあって、ゆったりしたスペースを供することができない事情はわかるけれど、グリーン車の一人当りの占有面積は欧米の二等車並みであり、寝台車も、体を横にできさえすればよいというような設計になっている。

そのなかにあって、唯一の例外は「はやぶさ」「富士」など四本の寝台特急に各一両ずつ連結されている「個室寝台」である。もっとも、大枚一万二千円の料金を払い、「個室」とあらばさぞかし、と期待して扉を開ければ、個室というよりは「独房」で、ちょっとガッカリするけれど、他の客のイビキに妨げられることもなく、気がねもいらない。洗面台もあるし、何よりも頭がつかえないのが嬉しい。素っ裸になって着換えることもできる。

個室寝台の利用率は高く、二段式、三段式のB寝台がガラ空きでも個室は満室というケースが多い。速さの点で飛行機や新幹線にかなわないならば、せめて快適にという客の志向は強いようで、そのあたりに寝台列車の未来が残されていると思う。しかし、一両の定員はわずか一四名であり、料金を非常識なほど高くしないかぎり黒字にはなりにくい。近鉄のビスタカーのように二階建てにしたなら二五室ぐらいは設けられそうだし、そうした研究や試作もなされているが、通勤通学用や新幹線の車両の新造は認められても、赤字列車のための予算は、いまの国鉄にはない。

それはともかく、この「個室寝台」が日本の鉄道における居住性の上限である。

その下に幾種類もの寝台がある。上下二段式で幅一〇一センチのA寝台、おなじく二段式ながら幅七〇センチのB寝台、それ以下になると三段式で、ベッドの上に起き上ろうとすれば頭がつかえ、最上段ともなれば梯子で上るに難渋するし、ようやく匍い上って下を見下ろせば高所恐怖症でなくてもスリルを感じる。

この三段式にも新型旧型があって、新型は幅七〇センチ、旧型は五二センチとなっている。

さて、今晩乗るべき「はやたま号」の寝台車であるが、これには三段式でベッドの幅の狭い旧型、つまり最低の寝台車が二両連結されている。しかも、使い古したボロ車両と推察される。

というのは、「はやたま号」が鈍行列車だからである。

寝台車のほとんどは夜行の特急や急行に連結される。昔は鈍行の夜行列車が多数運転され、寝台車を連結した鈍行がたくさんあったが、長距離は特急か急行、鈍行は短区間という傾向が強まり、ダイヤ改正のたびに夜行鈍行は削減されて、いまや夜汽車に乗るためには特急券か急行券を購入しなければならないという、おかしなことになっている。

だから、寝台車つきの鈍行列車となると寥々たるもので、現在、京都—出雲市の「山陰号」、門司港—長崎間の「ながさき号」と、この「はやたま号」の三本しかない。

新しい寝台車は、まず特急に使う。古くなると急行用に格下げする。さらに古くなると廃車にするか鈍行用へ、というのが一般的な使いかたである。寝台車にかぎらず、新型車両は主要幹線や大都市圏などにまず投入され、ローカル線には中古を回す。例外はあるが、概してそうなっている。これを優等列車や大都市偏重でケシカランという人もいるが、やむをえないだろう。

外国の豪華な寝台列車の話から、だんだん下って、みすぼらしくなってきたが、そういう次第で、われらが「はやたま号」には最低の寝台車が連結されているわけである。

そんなことを藍君に説明し、覚悟を促すと、

「学生時代に三段式に乗ったことがありますけれど、あれはひどかったなあ。頭がつかえて窮屈で……」

と言う。

「それそれ、それです。しかも、それの使い古したやつです」

「冷房はついているのでしょうか」

「寝台車は全部冷房化されたと聞いているけれど、特急と急行用だけだったかな」

「寝台券が四五〇〇円もするのに、冷房がないとしたらケシカランですね」

「たぶんついていると思いますよ。たぶんね。まあ、とにかく覚悟していてください」

「覚悟は、はじめからできています」

「いずれ機会があったら、個室寝台に乗って九州へでも行きましょう」

「はあ」

「個室に乗ったことはありますか」

「まだありません」

「じゃあ、ぜひ乗るとしようではないですか」

ラーメンを食べながら、いずれウナギをご馳走しようと言うようなものであろう。

名古屋着15時37分。ここで16時00分発の関西本線亀山行に乗りかえる。目指すは亀山発17時21分の天王寺行である。

増水した木曾川と長良川を渡り、四日市のコンビナートを過ぎて亀山が近づくと、

「接続列車のご案内を申し上げます。奈良行は17時26分発で3番線から、津、松阪方面天王寺行は17時21分発で2番線から、それぞれ発車いたします」

との車内放送がある。

情報としては正確なのだが、「17時21分発天王寺行」の何たるかを知らない客が乗りまちがえはしないかと心配になる。これは私のような人間や、それにそそのかされた藍君が乗るべき列車であって、まともに大阪の天王寺に向おうとする客が乗れば大

変だ。亀山―天王寺間は関西本線で直行すれば一一一・五キロで、所要時間は三時間弱だが、17時21分発に乗ってしまうと、紀勢本線経由で紀伊半島を丹念に一周し、走行距離は四倍の四四二・二キロ、天王寺着は翌朝の4時58分になる。

亀山は、古びた大きな駅である。ホームの幅は広く、堂々たる鉄骨屋根が張り出している。

かつて伊勢(いせ)参宮が日本国民にとって必須(ひっす)のものとされていた時代には、各地から夜行列車が続々と早朝の亀山駅に入ってきた。機関車がつけかえられ、東京からの列車は進行方向を変えた。長い停車時間を利用して乗客たちはホームの洗面台で顔を洗い、駅弁を買った。

いまは伊勢参宮の客が減り、伊勢、志摩方面への観光客も速くて安い近鉄に移って、亀山はガランとして図体だけ大きい、没落した旧家のような駅になり下ってしまった。

その亀山駅の2番線に疲れ果てたような古い列車が停車していた。ベンガラ色のディーゼル機関車を先頭に、新宮(しんぐう)行一両、天王寺行四両、最後尾が荷物車と郵便車の合造車という六両編成で、二両目の銘板を見ると「昭和13年、大宮工場」とある。相当な年代物だ。

これが17時21分発の天王寺行であるが、いまのところ「はやたま号」の愛称はなく、ただの921列車で、寝台車も連結されていない。22時26分着の新宮で寝台車が二両増結されると「はやたま号」になるのである。鈍行列車にもかかわらず愛称が付されているのは寝台券を買う客への配慮からであろう。

私たちは先頭の車両に乗った。

もとより冷房はなく、蒸し暑い。窓を開けると、ディーゼル機関車のすぐうしろで、油煙の香が漂う。往年の蒸気機関車の猛烈な煤煙にはくらぶべくもないが、新宮まで五時間かかるし、藍君は白装束である。

後尾の車両へ引越すことにして、連結器の上の貫通路を伝っていく。古い車両だからデッキの扉は手動で、開けっ放しになっているのが多い。自動ドアに慣れた若い世代が、こういう列車に乗ると、駅のポイントを通過する際の横揺れで振り落とされることがあるという。

きょうは日曜日で、通勤客はなく、どの車両も数人しか乗っていない。平日ならば勤め帰りの客が乗りこんできそうな津でも、ほとんど乗り降りがない。

津の駅名標は面白い。漢字一字の駅名はいくらもあるが、カナ一字となると全国に津しかない。大きな駅名標の中央に「つ」とあって、ウナギを連想させる。

松阪着18時10分。ここで一二分停車する。その間に駅弁を買わなければならない。

	営業キロ	列車番号 / 先	921 天王寺
関西線	0.0	名古屋発	…
	23.8	桑名〃	…
	31.7	富田〃	…
伊勢線	37.2	㋻四日市発	…
	40.4	南四日市〃	…
	44.1	河原田〃	…
	47.7	鈴鹿〃	…
	50.9	玉垣〃	…
	53.0	稲生〃	…
	56.6	中瀬古〃	…
	60.3	河芸〃	…
	63.4	東一身田〃	…
	66.4	㋻津着	…
紀勢本線	59.9	弁㋻亀山発	1721
	65.4	下庄〃	1728
	72.0	一身田〃	1739
	66.4	㋻津 着/発	1743 / 1746
	70.2	阿漕〃	1752
	74.3	高茶屋〃	1757
	80.0	六軒〃	1804
	85.5	弁㋻松阪 着/発	1810 / 1822
	88.5	徳和〃	1826
	93.4	弁多気 着/発	1832 / 1838
	97.3	相可〃	1848
	100.5	佐奈〃	1853
	106.0	栃原〃	1901
	111.7	川添〃	1912
	118.8	三瀬谷〃	1921
	123.9	滝原〃	1928
	128.0	阿曽〃	1934
	133.1	伊勢柏崎〃	1941
	137.8	大内山〃	1948
	140.4	梅ケ谷〃	1957
	149.3	紀伊長島〃	2010
	156.8	三野瀬〃	2026
	163.1	船津〃	2035
	167.5	相賀〃	2042
	174.2	㋻尾鷲 着/発	2051 / 2053
	178.3	大曽根浦〃	2102
	185.3	九鬼〃	2116
	189.4	三木里〃	2122
	193.5	賀田〃	2127
	197.7	二木島〃	2133
	201.7	新鹿〃	2139
	204.1	波田須〃	2143
	206.1	大泊〃	2147
	208.5	弁㋻熊野市 着/発	2150 / 2152
	210.5	有井〃	2156
	215.0	神志山〃	2202
	216.5	紀伊市木〃	2205
	219.3	阿田和〃	2210
	224.7	紀伊井田〃	2217
	227.5	鵜殿〃	2221
	231.1	弁㋻新宮着	2226

営業キロ	駅	はやたま	
0.0	弁㋻新宮発	はやたま ★ (2両)(新宮から連結)	2245
4.7	三輪崎〃		2251
6.4	紀伊佐野〃		2255
8.5	宇久井〃		2259
12.8	那智〃		2305
13.7	紀伊天満〃		2308
14.9	弁㋻紀伊勝浦 着/発		2310 / 2311
17.6	湯川〃		2316
19.7	太地〃		2320
20.9	下里〃		2323
24.8	紀伊浦神〃		2330
28.8	紀伊田原〃		2337
34.8	古座〃		2346
38.7	紀伊姫〃		2352
41.6	弁㋻串本 着/発		2356 / 2357
47.4	紀伊有田〃		レ
49.2	田並〃	…	レ
53.5	田子〃	…	レ
56.2	和深〃	…	レ
61.8	江住〃	…	レ
64.8	見老津〃	…	レ
73.8	周参見〃	——	036
81.0	紀伊日置〃	…	レ
87.1	椿〃	…	レ
92.3	紀伊富田〃	…	レ
95.2	弁㋻白浜 着/発	… / …	100 / 101
99.5	朝来〃	…	レ
103.0	紀伊新庄〃	…	レ
105.2	弁㋻紀伊田辺 着/発	… / …	114 / 132
109.3	芳養〃	…	レ
114.3	南部〃	…	142
119.4	岩代〃	…	レ
125.3	切目〃	…	レ
129.1	印南〃	…	159
133.4	稲原〃	…	レ
140.2	和佐〃	…	レ
144.5	道成寺〃	…	レ
146.1	弁㋻御坊 着/発	… / …	217 / 240
149.0	紀伊内原〃	…	レ
154.3	紀伊由良〃	…	レ
163.7	湯浅〃	…	258
167.1	藤並〃	…	レ
171.0	紀伊宮原〃	…	レ
175.4	箕島〃	——	312
177.9	初島〃	…	レ
180.9	下津〃	…	レ
183.6	加茂郷〃	…	レ
187.5	冷水浦〃	…	レ
190.3	海南〃	…	328
192.1	黒江〃	…	レ
195.7	紀三井寺〃	…	レ
198.6	宮前〃	…	レ
200.7	弁㋻和歌山 着/発	… / …	341 / ‖
202.5	紀和〃	…	‖
204.0	和歌山市着	…	‖
‖	難波着	…	‖
200.7	弁㋻和歌山発	…	400
262.0	弁㋻天王寺着	…	458

日本交通公社『時刻表』昭和58年7月号より

松阪で買いそこなうと、あすの朝まで欠食になるおそれがある。

ホームの売店に「牛肉弁当」が積んであるが、駅弁売りの姿はない。

これにしようと私は言ったが、

「ほかに何かあるかもしれませんから、ぼく探してきます」

と藍君は跨線橋を渡って行った。何を食べるかについて、真剣に選択し、かつ深刻に迷う傾向が藍君にはある。

しばらくすると、藍君が手ぶらで戻ってきて、

「牛肉弁当と幕の内しかありません。どうしますか」

と私に訊ねてから、

「どっちにしようかなあ」

と考えこんだ。

かくするうちにホームの売店に積んであった牛肉弁当が売れて一個だけになった。発車時刻も迫ってきた。藍君は、また跨線橋を駆け足で上っていった。

松阪からは男女の高校生がたくさん乗りこんできた。松阪へ遊びに来ての帰りらしい。

騒がしいので、牛肉弁当はあとまわしにして、缶ビールを飲む。つぎに地酒の二合瓶の蓋を開ける。これは松阪の売店で私が買ったものである。

紙コップに注ぎ合い、乾杯して口をつけると、酸っぱい。藍君も眉をしかめている。瓶に貼られたラベルの製造年月日の欄にゴム印が捺してある。不鮮明で、58年2月とも53年2月とも読める。まさか五三年製とは思えないが、とにかく不味くて、とても飲めない。

松阪から二つ目の多気で左へ参宮線が分岐し、つぎの相可を過ぎると、伊勢平野が尽きて山間に入る。これから宮川の谷に沿って志摩半島の基部を横切り、荷坂峠を越えて紀伊長島へと下るのである。

広がっていた平地が段々畑になり、水田が茶畑に変った。七月の長い日が、ようやく暮れかけて、民家の漆喰壁だけが白い。

さらに進むと、両岸の山が迫り、杉と檜の美林になる。このあたりは雨の多いところで、杉や檜は「一雨千両」と言われるように雨で育つ。鈍行の老朽列車は、小駅の一つ一つに誠実に停車して高校生を下車させながら、杉山の裾をまわり、段丘の上を走り、ときに崖っぷちをかすめる。

貯木場や製材所の目立つ三瀬谷を19時21分に発車。日が暮れて窓外が見えなくなった。牛肉弁当も食べてしまった。日曜日なので夕刊もなかった。きょうの出来ごとは何もわからない。

「隆の里と千代の富士は、どっちが勝ったのかな」

と、これは私。

「巨人は、また負けてるのかなあ。ピッチャーはガタガタだし、みんな打てなくなっている」

と藍君。

「巨人ファンなのですか」

「いえ、西武です。まえにもそう言いました」

「なんだか巨人が心配でならない、というふうに聞えたけど」

勾配が急になった。車内灯に照らされた木立と下草が車窓をゆっくりと過ぎていく。

大内山という山中の小駅に停車した。ああくたびれたと、ひと休みするかのような停りかたである。「標高一七三・四メートル」の標柱が蛍光灯に照らされている。

つぎは梅ケ谷という相撲取のような名の駅で、ここを発車すると荷坂峠のトンネルに入る。伊勢と紀伊の境である。

荷坂峠を抜けてから紀伊長島までは、二〇〇メートルの高低差を一気に駆け下りる。この区間は紀勢本線の車窓の白眉で、眼下に熊野灘の大海原が広がる。暗い木立を登りつづけてきただけに海の広さと青さが、ひときわ強く印象づけられるのだが、あいにく夜で、藍君に見せることができない。

見えない景色の話をする。

「でもいいです。こうやって汽車のなかに坐っているだけでいいです」

藍君は悟ったような顔をしている。

紀伊長島から海岸に出る。山中とちがって海辺を走る場合は、夜でも何かしらが見える。碇泊した漁船の灯りが、ぬめるような港内の海面を照らし出す。沖合には漁火が点々としている。

20時51分、尾鷲に着く。雨量の多いことでは日本有数の地で、気象概況によく登場する町だ。

尾鷲から熊野市までは、紀伊半島の山なみが険しく迫っている。ところどころに入江と漁村があり、わずかな耕地があるが、まわりは断崖と急峻な山で陸路はなく、陸の孤島だった地域である。この区間が開通したのは昭和三四年七月で、これによって紀勢本線が全通したのであった。

トンネルを抜けると漁村と駅があり、またトンネルに入る。それをくりかえす。そうした駅の一つに九鬼がある。九鬼水軍の発祥地である。

トンネルの連続から解放され、熊野市を発車したのが21時52分。すでに車内にほとんど客はなく、ニスを塗り重ねた肘掛けや油の滲みこんだ床を車内灯が虚しく照らしている。藍君の眼もトロンとしてきた。

熊野川の河口近くを長い鉄橋で渡り、三重県から和歌山県に入ると、すぐ新宮で、22時26分着。亀山から一八〇・二キロ、途中の三九駅に全部停車して五時間〇五分の行程であった。

ここで一九分停車し、その間にディーゼル機関車と座席車一両が切り離され、代りに電気機関車とB寝台車二両が連結されて「はやたま号」になる。「はやたま」とは、新宮にある熊野三山の一つ、速玉神社に因んでいる。

新宮は紀勢本線の節目をなす駅で、ここから和歌山までは電化され、特急電車の「くろしお号」が新宮—天王寺間の二六二・〇キロを約四時間で結んでいる。

特急で四時間の区間に夜行列車を運転しても利用客は少ない。深夜勤務の駅員や信号係を配置しなければならないから経費はかさむ。しかし、朝早く大阪に着こうとすれば昼間の特急では間に合わないし、宿泊費を節約したい客もいる。国有鉄道としては、その客を無視するわけにはいかない。

「はやたま号」の座席車に乗りこんだ客は、一両あたり平均一〇人たらずであった。このあと、途中駅から乗る客があるとしても、新宮がこの程度では、たいした数にはならないだろう。すぐ降りる客もいるにちがいない。

寝台車の客は、もっと少ないようで、ホームに立って連結されるのを待っているのは、私たちのほかに三人であった。これにたいしベッドの数は、詰めこみ主義で設計された三段式の旧型だから二両合わせて一〇八人分もある。不使用のシーツ、毛布カバー、ゆかたの類を、いちいち洗濯すれば、洗濯代だけで赤字になってしまうだろう。けれども、乗る側からすれば、天王寺までのわずか六時間余で四五〇〇円とは高いという気がする。一時間あたりの額で計算すれば個室寝台で東京から博多まで乗るのに匹敵する。そう考えると、ぜいたくな気分になってきた。

雨に濡れた構内から、電気機関車に後押しされた二両のB寝台車がこちらに向ってくる。ホームの灯りに照らされた青い外装は、ところどころペンキが剝落し、鋼板は波うっている。

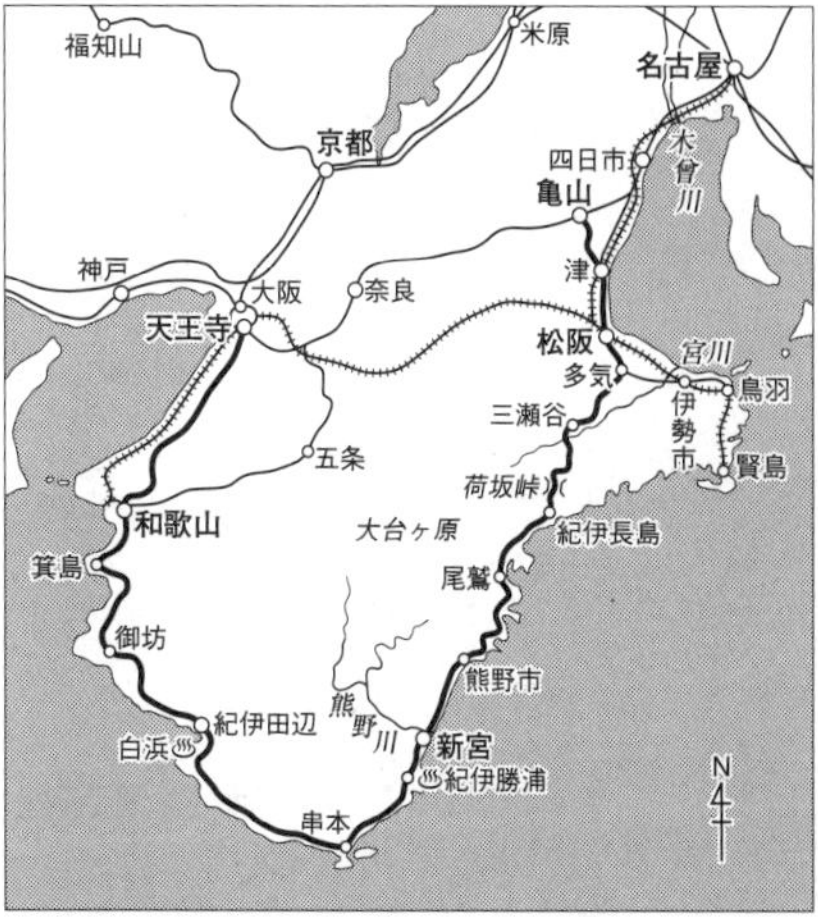

ガチャンと連結の音がホームに響いて、1号車に乗りこむ。

デッキに立った中年の寝台係が帽子をとって、「いらっしゃいませ」と慇懃に挨拶する。ますますぜいたくな気分である。

洗面所を抜けて中扉を開くと、涼気が肌に心地よい。冷房つきであった。

「はやたま号」は新宮を定刻の22時45分に発車した。

通路をウロウロしていた藍君が戻って

きて、

「おどろいたなあ。女性が一人乗ってるだけですよ」

「若い女性ですかな」

「まあ若いほうです。もし私たちが乗らなかったら、1号車の客は彼女一人になるところです。物騒だなあ」

「彼女のほうは怪しい二人組に乗りこまれて不安におののいているかもしれない」

ボロ寝台車ではあるが、洗面所には冷却飲料水の装置がある。藍君が紙コップに冷たい水を汲(く)んできた。これからポケット・ウイスキーで寝酒となる。

走る列車のベッドに腰を下ろし、通り過ぎる灯(ひ)を眺(なが)めながら一杯やるのは至福の一つだが、三段式なので頭がつかえる。前かがみで酒を飲むのは非常にむずかしい。しかたがないので、立って飲む。

停ったり走ったりして二五分ほどすると、紀伊勝浦に着く。ここで二、三人の客が1号車に乗ってきた。

さて、眠ることにする。備えつけのゆかたに着換えていると、

「あのう、すみませんが、天王寺の手前で起こしてください」

と藍君が情けなさそうな声で言う。

「わかっています。承知しました」

「ぼくは寝起きがとてもわるいのです」

「十分にわかってます」

藍君の寝起きのわるさは格別のものがある。

声をかけたぐらいでは、まず起きない。うるさいとばかり、布団を頭からかぶる。それを引っ剝がして体を揺さぶると、ムニャムニャ言うが、まだ起きない。しからばと腋の下をくすぐると、ようやく瞼が開いて「スミマセン」と言う。しかし、これも寝言同然で、放置すれば、また眠ってしまう。ちゃんと起き上るまでは油断がならない。ほぼそういう手順になっている。

本人も自覚していて、一人部屋に泊るときは、モーニング・コールなどには頼らず、眼覚し時計を三個持ちこんで枕頭に置く。

そのうちの二個を同時刻にセットする。この二つはゼンマイ式なので、朝になると若干のずれを生じ、適度の時差で一個ずつ鳴る。藍君は眠りながら手を伸ばし、二個ともベルを止めてしまう。

あとの一個は手の届かないところに置く。これは電池がなくなるまで鳴りつづけるのだそうだ。

「はやたま号」は鈍行列車だが、23時57分発の串本を過ぎて深夜になると、小さな駅は通過する。

寝台車は走っているときのほうが寝心地がよい。串本までは各駅に停るので眠れなかったが、そこから先は3時41分着の和歌山まで何も覚えていない。

和歌山を発車すると阪和線に入り、終着の天王寺までノンストップになる。和泉山脈を長いトンネルで抜けると、窓外が明るくなってきた。

洗面所へ行きかけると、ガラ空きだったはずの寝台にカーテンが引かれ、下段が全部ふさがっている。中段に寝ている客もいる。合せて約二〇人である。串本では私たちを含めて五、六人だったから、白浜か紀伊田辺から乗ったのであろうか。白浜から天王寺までは四時間、紀伊田辺からは三時間半、私たちよりも、もっとぜいたくな客である。それにしても、これだけの客が乗るとは意外で、「はやたま号」のために喜ばしい。

藍君を起こしにかかる。所要時間を五分と踏んでいたが、寝台車は寝心地がわるいのか、すぐ起きた。

定刻4時58分、天王寺の9番線に到着。「はやたま号」との短い一夜の旅は終った。降りた客たちは国電のホームへ下り、あるいは改札口を通って地下鉄の乗り場へと向う。

私たちは、いま来た道を引返そうと思っている。夜行だったから紀州の海が見えなかったし、藍君は紀伊半島を一周したことがないという。私としても久しぶりに青い海やウバメガシの密生する緑濃い山や岬を眺めたい。さいわい雨が上って青空が見えている。自由自在に乗れる「南近畿ワイド周遊券」も持っている。

天王寺発5時15分の始発電車で和歌山へ向う。この電車は国電型の各駅停車で、近郊の各駅に一つずつ停車していく。こんな時間の阪和線に乗るのは「はやたま号」に乗らないかぎり、まず不可能だろう。バカらしくも楽しくもある。

和泉山脈が前方に立ちはだかり、二時間あまりまえに通ったばかりのトンネルを逆方向に抜けると視界が開けて、朝日を反射した紀ノ川の銀色の流れと和歌山平野が眼下に広がる。絶景というほどではないが、東京の近郊電車にはない眺めである。

和歌山着6時37分。

「まだ六時半ですぞ」

「九時過ぎの感じですね」

夏の太陽は高く上って、ギラギラしている。

腹ぐあいのほうは九時過ぎなみで、二人とも非常に空腹である。

けれども六時半だから駅弁売りはいない。売店も立食ソバの店も閉っている。改札口を出て駅ビルの食堂を覗いてみたが、八時開店となっている。開いているのは駅前広場の向いにある二四時間営業のドーナッツの店だけだ。いくら空腹でもドーナッツを食べる気になれない。

そのうちに、乗る予定にしていた6時54分発の紀伊田辺行が発車していった。

和歌山の駅弁では「小鯛雀ずし」が名高い。いたるところに鯛を描いた広告が出ている。

午前七時半、ようやく売店が開いた。しかし、幕の内だけしか置いていない。

それを買って、ホームのベンチで食べる。

「小鯛の雀ずしを食べようと思って、たのしみにしていたんだがなあ」

と藍君が嘆いた。

7時49分発の御坊行で南へ向う。海南を過ぎると海岸に出て、近景に和歌浦、その左には紀淡海峡の友ケ島や淡路島が見えてきた。

箕島からは有田川の流域で、平野も山肌も一面のミカン畑になる。

御坊着9時00分。ここは日高川の河口にひらけた製材の町で、近くに安珍、清姫の道成寺がある。

駅前で一憩してコーヒーを飲み、9時32分発の特急「くろしお2号」新宮行に乗る。周遊券があるので自由席ならば特急券は不要である。

「くろしお号」は、急カーブでも速度を落とさず通過できるように設計された「振子電車」で、台車の上に横に動くコロが仕掛けられ、カーブにかかると客席の部分が内側に傾く。遠心力を減殺するわけだ。

乗り心地は、よくもあれば悪くもある。通路を歩くとよろめいてしまうが、席に坐っているときはカーブで内側に大きく傾くほうが、体のバランスはよい。

振子電車で右に左に傾きながら乗っていると、あてのない旅をしているような気持になってきた。じっさい、あてなどないのである。

「なんだか周遊券のために乗っているみたいですな」

藍君は黙って笑っている。周遊券がなくたっておなじでしょうと言いたいのであろう。

青森―大阪・特急「白鳥」七変化

「白鳥に乗ってみてはどうでしょう」

と、藍孝夫君が言った。

「白鳥」とは、青森―大阪間を走る特急列車の名である。クルマ派の藍君が乗りたい列車を指名するとは異例のことだ。何回か鉄道旅行のつき合いをさせられているうちに、私の病気が感染したのかもしれない。

その感染の徴候は前回すでに顕れている。あのときは紀伊半島を夜行の鈍行列車で一周したのだが、退屈なはずの夜の車中で、「こうやって汽車のなかに坐っているだけでいいです」と藍君は言った。

それにしても、「白鳥」を指名するとは愉快ではないか。というのは、私、つまり東京に住む者にとって無縁な列車だからである。

国鉄の列車の運転系統は東京を中心にしている。本州と九州を合わせると四一の都府県があるが、東京の人は、そのうちの三八府県に乗りかえなしで行ける。乗りかえを要するのは福井県と奈良県だけだ。

鉄道にかぎらず、大方の交通機関は東京在住者にとって便利なようにできている。首都圏の人口は抜群に多いから当然であるけれど、その結果、東京の人は「時刻表」に弱くなっている。時刻表を開いてあれこれ検討しなくても行きたいところへ行けるからだろう。

これに反して、富山県あたりの人となると、そうはいかない。富山から東京へ出る場合、近道で運賃が安いのは信越本線経由だが、遠回りでも米原(まいばら)へ出て新幹線に乗継ぐほうが早く着けるし、運転本数も多い。上越新幹線ができてからは長岡経由という手もあって、これが最短時間だが、運転本数はすくない。あれこれ勘案しなければならないので、時刻表に強くなっている。

かように国鉄の列車は、もちろん長距離列車にかぎってのことだが、東京を中心にして運転されているのである。

そのなかにあって、特急「白鳥」は、東京などわれ関せず、といった列車だ。新幹線との接続も眼中にない。上りの「白鳥2号」の場合で言うと、青森を早暁(そうぎょう)4時50分に発車し、秋田、酒田、新潟(にいがた)、直江津、富山、金沢、福井、敦賀(つるが)、京都を通って終着の大阪が18時25分というルートとダイヤになっている。いわば「白鳥」は「北前船(きたまえぶね)」が陸に上ったような列車なのである。

北前船が江戸と無関係なように、東京に住む私にとって「白鳥」との縁はうすい。

もっとも、「白鳥」に乗ったことがないわけではない。国鉄から表彰されてもよいくらい日本中の鉄道に乗りまくってきたから、何回か乗ったことはあるが、いずれも一部の区間だけであった。これでは「白鳥」の真価はわからない。全区間を乗り通してこそ「白鳥」であろう。なにしろ「白鳥」の走行距離は一〇四〇・〇キロもあり、昼間の列車としては日本最長なのである。

「白鳥に乗るならば、全区間を通して乗ってみたいな」

と私は言った。

「もちろんです」

と藍君。

「もちろんですなんて気安く言うけど、一三時間三五分も乗りづめですよ」

「でも、あの山陰線の鈍行にくらべれば、たいしたことないです。あれは一八時間半でしたね」

たしかに藍君、変ってきたようだ。

一〇月二一日（昭和五八年）、金曜日。私たちは大宮発13時00分の東北新幹線で出発した。今夜は青森の駅前で一泊し、あす4時50分発の「白鳥2号」で大阪着18時25分、すぐ新幹線に乗って、その日のうちに東京へ戻る（もど）というスケジュールであった。

「青森へ行って大阪へ行って東京まで戻って、いったい何キロ乗るのか計算してみました」

　と藍君が言う。

「二三三二・二キロもあるんです。それを一日半で回ってくるなんて、すごいじゃないですか」

　なんだか藍君が鉄道マニアで、私が随行者のようになってきた。

　車掌が検札に来た。切符を見せると、ちょっと驚いたのか、上半身がのけぞる。そして、券面を凝視して二度三度と肯く。

「白鳥2号」の停車駅と発車時刻

青森 4:50
弘前5:21
大館5:56
鷹ノ巣6:12
東能代6:35
秋田 7:22
羽後本荘 7:57
酒田 8:50
鶴岡 9:11
あつみ温泉 9:34
村上 10:15
坂町 10:27
新発田 10:44
新潟 11:13
東三条 11:43
長岡 12:00
柏崎12:29
直江津12:59
糸魚川13:28
富山14:25
高岡14:39
金沢15:10
加賀温泉15:38
芦原温泉15:50
福井16:04
敦賀16:42
京都17:48着
新大阪18:19着
大阪18:25着

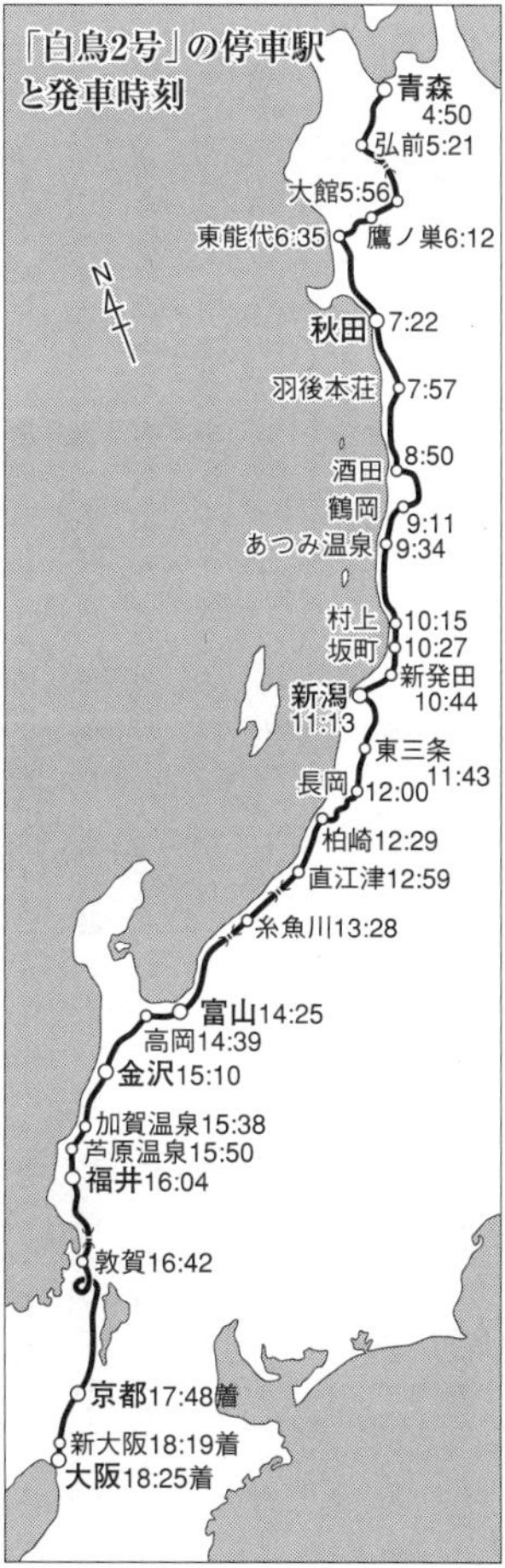

私たちが手にしている乗車券は「東京都区内→東京都区内」となっていて、その下に「経由：東北線、青森、羽越線、信越線、北陸線、湖西線、東海道線」と記されている。つまり東京から東京までの片道切符なのである。こんな切符の買いかたをしたのは、できるだけ運賃を安くするためであった。

国鉄には「遠距離逓減制」というのがあって、片道の距離が長くなるほどキロ当りの運賃が安くなる。

これは知っていてよいことで、たとえば、東京から大阪に立ち寄って博多へ行くような場合、つい新幹線の指定券とセットにして乗車券を「東京→大阪」「大阪→博多」と分けて買う人がいるが、あれは損である。「東京→博多」の乗車券を買って大阪で途中下車すればよいのであって、このほうが三四〇〇円も安くなる。

東京は小雨模様だったが、仙台を過ぎると雲が切れ、日がさしてきた。刈入れの終った水田は寒々としているが、山肌の紅葉が西日に映えている。汽車に乗っているばかりだから雨でも晴れでも関係はないけれど、やはり晴れのほうが気分がよいし、山もよく見える。東北地方の山は、さして高くはないが、すがすがしい青味がある。これまでの旅行を振りかえってみると、私たちは天候に恵まれているようだ。

しかし、秋の北国の日暮れは早い。盛岡で青森行の「はつかり13号」に乗継ぐころには暗くなった。

お酒は青森に着いてからにしようと思っていたが、秋の日がとっぷりと暮れてしまうと、もういけない。

そうなるのではなかろうかと盛岡駅ビルの売店で地酒の四合瓶を仕入れておいた。ツマミは三陸名産の「マツモ」で、松の葉のように細い海藻を干して炙ったものである。これも盛岡で買ったが、ちかごろの無味乾燥な焼海苔とはちがって、磯の香がする。

「これ、なかなかいけますね」

と、藍君は急ピッチで、つまんでは口に入れている。たちまちマツモは食べ尽された。

地酒も、駅で買ったにしてはうまかった。紙コップは例によって藍君が用意してきている。容器が大きいので、どんどん入る。酒瓶のほうも、まもなく空になった。

「よし、青森に着いたらホヤを食べましょうや」

「ぼく、まだホヤを食べたことがありません。すごく臭いんですってね」

はじめてホヤを食べたときのことを思い出す。異臭が鼻について吐気がし、とてもノドを通らなかった。が、いまは好物になっている。

「臭いけれど、あれこそ本当の海の磯の味です。青森まで来てホヤを食べない法はないですよ。ぜひ食べましょう。いい機会だ」

念を押すと、藍色の小鬼が不安そうな顔をした。


灯火のまばらな青森県の闇が窓外を過ぎて、19時05分、青森着。

駅に近いビジネスホテルに鞄を置き、さっそく外出。さすがに空気が冷たい。

夜の青森の町は淋しい。飲食店やバーが一カ所に集中していないからではないかと思う。人通りのすくない暗い小路のところどころにポツン、ポツンと看板の灯がともっている。

その一軒に入った。この店には一度来たことがある。

寒い季節に北国の町を訪れると、いつもそうなのだが、扉を開けたとたんに、すべてが一変する。寒から暖、暗から明への対照が他の地方より際立ち、通りが淋しいだけに店のなかが、いっそう殷賑に見える。

さして明るい店ではないのに眩しく、温気と焼魚の臭いとが充満している。こんなところに集っていたのかと驚くほど客がいて、大声で談笑している。

スタンドに坐る。眼の前のガラスケースには、北国のさまざまな魚介類が並んでいる。ホッケ、ホッキ貝、スジコにウニに毛ガニにイカ、サンマ。天然痘にかかった子宮のような格好をしているのがホヤである。

青森らしいものをいろいろ食べたい、そしてホヤを、と言うと、店の姐さんが「みちのく御膳」だったか、そんな名のセットをすすめた。ホヤをはじめ一通りそろっているのだそうだ。

酒を注文すると、陶器の二合徳利がドスンと置かれる。ついで鉢に盛られたホヤの酢のものが出る。

「さて、ホヤですよ」

酒の肴だからホヤが最初だ。

「これですか」

と、藍君がひと切れつまんで口に入れた。

横目で見ていると、口を烏天狗のように尖らしてモグモグやっている。うまいものを食べるときは、こんなふうにはならない。

特急「白鳥2号」の青森発は4時50分。なんとも早い。乗りやすい時間帯に運転するのが特急のダイヤ作成の原則なのに、こんな未明に青森を発車するのは青函連絡船の夜行便に接続しているからである。

4時50分発に乗るには四時に起床しなければならない。目覚し時計を三個も用意するほど寝起きのわるい藍君にとっては、ゾッとするような起床時刻だろう。

おなじ「白鳥」に乗るにしても、下りの「3号」ならば大阪発が9時55分で、早起きの苦労はない。そのかわり、青森着が23時51分になる。いまの季節だと新潟の手前で日が暮れてしまい、北国の旅情が味わえない。「白鳥」の車窓での見所は、やはり羽越本線からの日本海だろう。しかも、藍君はまだ秋田県に足を踏み入れたことがないという。「白鳥」に乗りたいと言いだした理由の一端はそのあたりにあるらしいが、下りの「白鳥3号」に乗ったのでは肝心の秋田県が夜になる。

という次第で、午前四時起床となったのであった。

しかし、おたがいに寝坊することなく、午前四時二〇分にはロビーに集合した。夜明けにはほど遠い時刻で、外は真っ暗である。

藍君の眼が腫れぼったい。寝過したら大変と、そればっかり考えて眠れなかったのだそうだ。

午前四時四〇分。

未明の青森の町は寒く暗いが、青森駅のホームだけは煌々と明るい。

その明るいホームに二本の特急列車が入線している。2番線が東北新幹線に接続する「はつかり2号」盛岡行、4番線に停っているのが、わが「白鳥2号」大阪行である。かつては、このほかに常磐線回り上野行の「みちのく」があり、三本の特急が並んで壮観だったが、いまは「はつかり」と「白鳥」の二本だけになっている。

水面から飛び立つ白鳥をヘッドマークに掲げた電車特急「白鳥2号」は一二両編成で、先頭の1号車から3号車までが自由席の普通車、4号車と5号車が指定席の普通車、6号車がグリーン車、7号車が食堂車、8号車から最後尾の12号車までが指定席の普通車である。

私たちの指定券は5号車であった。

車内に入ってみて驚いた。ほとんど満席ではないか。

私は北海道からの帰途に青函連絡船の夜行便をよく利用する。そのたびに「白鳥2号」で弘前までちょっと乗ったり、発車するのを見送ったりしてきたが、いつも無惨なほどガラ空きであった。自由席だけはほどほどの乗車率だが指定席はポツリポツリと客が坐っているにすぎなかった。秋田、新潟と進むにつれて客が乗ってくるのだろうが、青森を発車するときは、いつもそんな状態だった。

考えてみると、いまは紅葉のシーズンである。東北、北海道への団体客が集中するのは夏と紅葉の一〇月だという。なるほど、席を占めているのは団体や小グループの客で、添乗員が段ボールの箱を抱えて通路を往復している。

あまりに乗車率が低ければ昼間最長距離列車の「白鳥」は廃止されるか、途中でチョン切られるかしてしまうだろうし、混んでいるといっても自分の席は確保されているのだから、べつに問題はないのだが、

「青森から乗ると白鳥はガラガラですよ、指定席なんかだれも乗ってない」

と藍君に吹きこんだのは、まずかった。

「あれ、ずいぶん混んでますね。前の席をこちらに回して脚を投げ出していけるかと思っていたのに」

と、藍君が口を尖らす。ウソツキと言われたような気がするではないか。

定刻4時50分に青森を発車。走りだしかたに他の列車とちがうところはないはずだが、思いなしかマラソン走者のスタートのような大らかさが感じられる。これから一〇四〇・〇キロ、一三時間三五分の汽車旅である。

「この白鳥が通る府県の名前を全部言ってみてください」

と私。ウソツキと言われたような気がしているから虫の居どころがわるい。私だって、けさは二時半に眼が覚めている。寝不足で、機嫌がよくないことは自分でもわかっている。

「青森県……」

「それは言わなくても、わかりきっています」

「秋田県、それから山形県かな」

「もちろん山形県を通りますよ。酒田も鶴岡も庄内平野」

「新潟県に富山県に石川県、ええと福井県、京都府、大阪府」

「残念でした」

「それで全部じゃないのですか」

「滋賀県が抜けている」

藍君が情けなさそうな顔をした。つまらない意地悪をしたと思う。

窓外は、まだ暗い。低い峠を越えて津軽平野に入ったことは気配でわかるが、岩木山もリンゴ畑も見えない。

弘前に停車し、矢立峠にさしかかるあたりで、ようやく夜が明けてきた。この峠をトンネルで抜ければ藍君にとってはじめての秋田県に入る。

トンネルを出ると、朝靄が山村にたなびき、山の頂きには朝日がさして、紅や黄の木々が浮き出ている。さっきまでの気だるい夜はたちまち消えて、さわやかな朝に変った。外は寒いのだろうが、車内は暖房が適度にきいて心地よい。

「これで行ったことのない県が一つもなくなりました」

「おめでとう」

互いに機嫌がよくなって食堂車へ行く。隣のグリーン車を通り抜ければ、つぎが食堂車である。グリーン車もほぼ満席で、「フルムーン」らしい中老年夫婦が二人ずつ並んで坐っている。奥さんのほうが生き生きとし、旦那さんは冴えない顔をしているが、これはフルムーンの一般的傾向だ。

食堂車も混んでいて、農協風の陽焼けしたおっさんと相席になる。二人のウェイトレスも忙しく働いている。一人は北国らしい色白で、もう一人は逞しい。揺れる車内での立ちづめの労働だから、こう混んでいては大変だろう。気になるので、新潟あたりで交代するのかと訊ねてみると、

「いいえ、大阪まで行きます」

とのことであった。今夜は大阪で泊って、あしたの「白鳥3号」で青森へ深夜に戻り、二日の休暇という四日単位のローテーションだという。

東能代に停車。向いのホームに大阪からの寝台特急「日本海1号」が停っている。青森から秋田までの区間は、ほとんど単線なので、上下列車のすれちがいは駅でおこなわれる。「日本海」の窓際には浴衣姿の眠そうな顔が見える。まだ六時三五分である。

八郎潟の干拓地が右窓に広がる。ついで低い松の密生する砂丘地帯に入る。「白鳥2号」は朝の秋田県を快走している。

青森からの一八五・八キロを二時間三〇分で走って、秋田着7時20分。

秋田に着けば客がドッと下車するかと期待していたが、5号車から降りたのは一〇人ぐらいであった。代っておなじくらいの客が乗ってきた。

「みんなどこまで行くんでしょうね」

「大阪までは行かないと思うけど、新潟かな」

秋田から羽越本線に入る。

羽越本線は単線区間と複線区間が、めまぐるしく入りまじっている。駅を過ぎると複線になり、つぎの駅からはまた単線になる。全線を複線化するだけの輸送量や予算のない線区の場合は、このように飛び飛びに複線区間を設けたほうが輸送効率がよいからだが、乗っていると、走りながら対向列車とすれちがったかと思うと、相手を駅に待機させたりして、なかなか変化に富んでいる。

そんなことを藍君に説明しかけたが、興味がなさそうなので途中でやめる。

右窓に日本海が見えてきた。きょうは晴れているし、波も穏やかなので、冬の日本海のような暗い荒々しさはないが、砂丘の上を行くので眺めがよい。

7時56分、羽後本荘に停車。細いホームに木の屋根柱の並ぶ鄙びた駅だが、前のほうに坐っていた一五人ほどの団体客が下車した。この駅からは乗る客がいない。

象潟を通過。ここでは一席弁じたくなる。

「芭蕉がここを歩いたときは海だったのですよ。田んぼのなかにポツリポツリと盛り上っているところがあるでしょう。あれが島で、松島みたいな眺めだったらしい。松島は笑うがごとく象潟はうらむがごとし、ってわけです。ところが大地震で隆起して

「……」

眠そうな顔で藍君が肯いている。とくに反応はない。

左窓に鳥海山が近づいてきた。

この山は、めったに全容を見せてくれない。一般に日本海側の山は姿を見せないことが多い。きょうも雲をかぶっている。しかし、雲の切れ目からわずかに頂上付近の稜線が見えたから、やや運がよいほうだろう。

その鳥海山の裾が海に迫って、線路が崖っぷちに追いつめられ、波しぶきを浴びる岩と松を車窓から見下ろす。ここが有耶無耶の関跡で、往時の旅人が波にさらわれた難所である。

海上遠く飛島が浮かんでいる。潜水の得意な藍君は島には関心があるらしく、熱心に眺める。

有耶無耶の関跡を境に秋田県から山形県に入り、庄内平野が開けて、8時48分、酒田着。七、八人が下車し、その倍くらいの客が乗る。青森からの客は半分ぐらいに減ったようだ。

鶴岡を過ぎると庄内平野が尽き、ふたたび山が迫って日本海の岸を走る。入江に寄り集った黒い瓦屋根の集落、海に突き出た岩礁、洞門のある岬。それらをかすめ、トンネルに入りながら「白鳥2号」は、ひたすらに、そして健気に走る。駅に停っても、一分か二分ですぐ発車し、あとはただ走りつづける。

鼠ケ関から新潟県に入る。粟島が見えてきた。

日本海の岸を走ること四〇分、やや長いトンネルを抜けると、新潟平野が開け、「白鳥2号」は海際からの解放を喜ぶかのように茶畑へ進入する。これから二時間余の柏崎まで日本海とはお別れである。

新潟平野北端の城下町、村上にさしかかると、車内灯が消える。電源の切りかえのためで、ここで交流から直流に変る。このあと糸魚川の手前で交流になり、さらに敦賀を過ぎれば直流というように幾度も変る。電源の切りかえを三回もやる電車は「白鳥」だけで、つまり鉄道近代化の先進地域と後進地域を横切って走る面白さなのだが、藍君は居眠りをしているし、起こしてまで説明することでもない。

広い新潟平野の直線区間を「白鳥2号」は速度を上げて快走する。線路も車窓も変った。稲架の形も一本立ちから横木に変った。大きな工場が現れてきた。新発田から白新線に入る。このまま羽越本線を直進したほうが近道なのだが、日本海側最大の都市、新潟市を無視するわけにはいかない。

長い鉄橋で阿賀野川を渡ると、広い操車場の向うから林立する大煙突やクレーンが近づき、港湾工業都市の気配が迫ってくる。上越新幹線の回送線が高々と頭上を越える。「白鳥2号」は速度を落とし、新潟に敬意を表するかのように広い構内へゆっくりと進入する。客たちも立ち上って、棚の荷物を下ろしはじめた。

新潟着11時07分。

過半数の客が下車し、青森からの5号車の客は私たちを除くと四人になった。若い二人連れ、中年女性、あと一人は、ずっと向うに坐っている禿頭の人である。もう六時間以上も乗ってきたし、どこで降りるかとの関心で眺めていたので、そういうことがわかってしまう。それほどたくさん下車したが、新潟から乗りこんできた客はもっと多く、目立ちはじめていた空席がふさがった。

新潟では六分停車する。唯一の長時間停車なのでホームに降りてみる。青森からの車掌が新潟から乗込む車掌とすれちがいながら声をかけ合っている。車内販売の女性たちも交代した。

新潟で進行方向が逆になり、こんどは12号車を先頭にして大阪へ向う。うしろから三列目の右側だった私たちの席は、前から三列目の左側に変った。なんだか別の席に移らされたようだ。暖房だった空調も冷房に変っている。客も、揺られて疲れた人たちと、新しくて元気なのとが交代した。

それにしても、私たちの席を鉤の手に囲んだ一〇人組の男客の騒がしさはどうだろう。新潟から乗りこむやいなや、一升瓶とウイスキーのダルマ瓶を交し合って酒盛りをはじめている。きょうは土曜日である。どこかの温泉場へでも羽を伸ばしに行くのだろう。大声で交す言葉のなかに、「一発」とか「山中」とかがある。山中温泉だとすれば下車駅は加賀温泉だから、15時38分着だ。あと四時間以上もかかる。

様相を一変した「白鳥2号」は新潟平野の米どころを南下し、11時59分、長岡着。このあたりが青森—大阪の中間地点である。しかし、新潟から先は全線複線になって速度が上るので、所要時間は四五分ほど短い。

信濃川を渡ると、長かった新潟平野が終り、東頸城丘陵の北辺を横切る。

柏崎を過ぎて、ひさしぶりの日本海が右窓に現れた。ここから富山県までは日本海に沿うのだが、あいにく席が山側に変っている。佐渡が見えないかと立ち上って、騒がしい連中の肩越しに反対側の窓をすかして見たが、島影はなかった。空気が澄んでいれば、佐渡とはあんなに大きな島かと驚くほど日本海の上に広がるのだが。

すでに一二時半で、空腹を覚える。しかし、富山まで我慢して「ますの寿し」を食べることになっている。

米山の裾の波打際を走り、高田平野に出て直江津着12時57分。ここで信越本線と別れ、北陸本線に入る。

長いトンネルが連続する。かつては海辺の漁村を一つ一つ訪ねながら走る区間だったが、北陸本線の複線電化を機にルートの短縮がおこなわれ、トンネルばかりになった。

窓外は見えないし、一〇人組はますます騒がしく飲んでいる。刺激されて、こっちも飲みたくなってくるではないか。

それで食堂車へ行った。

けさのウェイトレスたちがいる。疲れた様子もなく動き回り、愛想もよい。注文する側も張合いがある。

まずビール、つぎに水割り。適度の揺れが加わって調子が上ってくる。おかわり、と言うと、色白の青森県のウェイトレスがニコリと肯く。

二人とも饒舌になって何やら喋り合い、その間、数種のおつまみも注文したので、富山の「ますの寿し」が念頭から消える。いつのまにか親不知を過ぎ、「白鳥2号」は富山平野にさしかかっている。

よい気分で5号車に戻ってくると、一〇人組が、

「すみませんなあ」「わっしらが騒がしゅうて」「一杯やってきましたな」「食堂車の女の子、美人だかや」

などと、こもごもに言う。傍若無人に飲み騒いでいても事情はわかっていたらしい。こちらも酒を飲んでしまっているし、わるい感じではない。

どちらまで、と訊ねると、

「山中温泉ですわ。これですよ」

と、毒々しいばかりに極彩色の大きなパンフレットをさし出した。見ると、お色気ホテルの案内で、紙面全体が乱痴気騒ぎで埋められている。仰向けに寝た裸の女性の胸や腹に刺身を盛った「女体盛り」にはじまり、「お遊戯艶会（ゆうぎえんかい）」「湯女（ゆな）」「松茸狩り（まつたけがり）」「産婦人科ゴッコ」など、いろいろある。

それらを各種組み合わせたコースの一覧表も載っていて、もっとも豪勢でピンク度の高いのが「天皇コース」、つぎが「極楽コース」、以下「大奥」「帝王」「家康」の順になっている。「極楽コース」の欄にボールペンで丸印が書かれているところから察すると、一行はこのコースらしい。

食い入るように見ていた藍君が、

「あの、こういうところへ行くこと、奥さんに内緒ですか」

と訊ねる。

「一年に一遍やけん、公認ですわ。行ってらっしゃい、てなもんや」

毎年一回、農協の仲間が集って一泊旅行をするのだそうである。

「うちの会社の旅行は、女子社員がいっしょだからなあ」

と、パンフレットを眺めながら藍君がつぶやいている。

富山を過ぎ、散村で名高い砺波平野を過ぎ、倶利伽羅峠をトンネルで抜けて、金沢着15時08分。ここで青森から乗ってきた中年女性が下車した。若い二人連れは長岡で降りたので、残るは禿頭のおじさんだけになった。

乗る客はほとんどいない。金沢からは大阪行の特急「雷鳥」が頻繁に運転されている。一〇時間以上も走って汚れはてた「白鳥」に好んで乗る客はないだろう。

15時38分、加賀温泉に停車した。一〇人組をはじめ、途中から乗った団体客が下車する。

車内が静かになり、空席のほうがずっと多くなった。太陽も傾いて夕べの気配が窓外に漂ってきた。

牛ノ谷峠を越えて福井県に入り、16時03分、福井着。ここで青森からの最後の一人が下車した。福井からも乗る客はなく、車内はガラ空きになった。宴が終り、喧騒も去って、紙くずの散乱する車内にポツリ、ポツリと坐っている客が残飯に見える。

藍君が空いた席に移って横になった。

往時の雪の難所、木ノ芽峠を長い北陸トンネルで抜け、敦賀着16時40分。つぎの停車駅は京都である。「白鳥」の旅も終りに近づいた。

敦賀を発車すると、ループ線をひと回りして滋賀県に入り、近江塩津で北陸本線と別れ、琵琶湖の西岸に敷かれた湖西線を行く。昭和四九年に開通した新しい線で、高架橋の上を走るから眺望がよい。夕靄の匍う静かな湖面に定置網の魞が傘の形を描いている。

晩秋の日が暮れて、点々と灯がともりはじめた。夜明け前に青森を発車して一日じゅう走りつづけ、いまふたたび夜を迎えた。ヒゲも伸びた。

西大津を通過して京都府に入り、山科で東海道本線に合流する。私たちが持っている「東京都区内↓東京都区内」の乗車券は山科で東海道本線に乗りかえるというルートになっているが、もちろん終着の大阪まで乗る。山科—大阪間については大阪駅の精算窓口で払えばよい。

京都着17時48分。終着の大阪まで、あと三七分である。

藍君は気持よさそうに、そして残骸のように眠っている。

その藍君が眠るまえに、

「大阪駅の近くに、おいしい鯛茶漬の店がありましてね」

と言っていた。

ホヤの翌日が鯛茶漬とは「白鳥」にふさわしい取り合わせではないか。新幹線の終列車は20時34分発だから、十分に時間がありそうだ。

雪を見るなら飯山(いいやま)・只見(ただみ)線

積雪七八五センチ。

信じがたいほどの数字だが、国鉄飯山線の森宮野原(もりみやのはら)駅で昭和二〇年二月二六日に記録されている。これが国鉄路線の積雪記録としては史上最深である。

昭和二〇年二月といえば、新聞は半ペラ二ページで朝刊だけ、ラジオは空襲関係の「軍管区情報」と官製のニュースばかりで、天変地異の類(たぐい)は、まったく報道されなかった。人心を乱すようなことは国民に知らせなかったのである。

じっさい、神は危殆(きたい)に瀕(ひん)した「神国日本」に救いの神風を吹かすどころか、むしろ意地悪をした。

本土への空襲が本格的にはじまった昭和一九年一二月七日には、マグニチュード八・〇という大地震が東海地方に発生した。多数の死者をはじめ被害は甚大(じんだい)で、東海道本線は天竜川(てんりゅうがわ)鉄橋の橋脚が折れて不通になった。大動脈が切断されたのだから、アメリカが天佑神助(てんゆうしんじょ)だと喜んだにちがいない。そして、一カ月後の昭和二〇年一月一三日には、マグニチュード七・一の三河地震も起っている。

今日ならば新聞の第一面のトップ記事であろうが、当時は、いっさい報道されなかった。

雪の仕打ちも冷たかった。『理科年表』の「積雪の最深記録」欄を開くと、「一九四五年（昭和二〇年）二月二六日」に最深を記録した測候所が、じつに多い。日本人が苦しみ抜いていた昭和二〇年二月という時期に、なんで記録的な豪雪を見舞ったのであろうか。

あの戦時生活を知らない世代が大半になって、こちらは、ついムキになる傾向があるけれど、それにしても七八五センチとはすごい。想像を絶する。

もちろん吹きだまりでの測定であって、付近一帯に平均してそれほどの積雪があったということではないだろう。しかし、そういう破天荒な記録が飯山線に残っている。かように飯山線は豪雪地帯を走る線である。雪に悩まされる路線の筆頭であろう。

私は飯山線に三回乗ったことがあるが、いずれも夏や秋で、冬の飯山線を知らない。これでは飯山線の「真価」はわからない。

それで、例によって藍(あい)孝夫君を誘い、真冬の飯山線に乗ってみることにした。

飯山線は長野の先の豊野(とよの)を起点とし、越後(えちご)川口(かわぐち)で上越線に接続する九六・七キロの線である。ローカル線としては長いほうに属する。

しかし、全区間に乗っても所要時間は三時間程度であり、さして東京から遠くない地域にあるので、日帰り圏だ。上野発10時00分の長野行の特急で出かけ、帰途に上越新幹線を活用すれば夜の八時過ぎには東京に戻ってしまう。いささか物足りない。

しからばというわけで、只見線を加えることにした。これも豪雪地帯を走る線であるが、冬に乗ったことがない。

飯山線の終点の越後川口から上越線の上りに乗れば、一〇分ほどで小出を通る。その小出と会津若松を結ぶのが只見線で、全長一三五・二キロ。かなり長い。

只見線を加えたのには、別の理由もある。

じつは、飯山線も只見線も大赤字ローカル線として廃止の候補に挙げられるはずであった。客が少なくて、存続基準の輸送密度を下回っているからである。

しかし、この二線については除外条項が適用された。政令の文章をそのまま引用すると、

「代替輸送道路の全部または一部につき、積雪期における積雪等のために一般乗合自動車運送事業による輸送の用に供することが困難となった日数が十日を超えること」

となっている。つまり、悩みの種のはずの雪が飯山線と只見線を救ったのである。

同病相憐れんだ同士が、ああよかったと手を握り合って喜んでいるように見える。その一方だけを訪れたのでは不公平であろう。この理由、少々こじつけの気味はある。

それはとにかく、飯山線と只見線の両方に乗るとなれば、日帰りはとうてい不可能だろう。

鉄道一辺倒のスケジュールを立てる場合、問題になるのは接続である。数時間に一本しか運転されないローカル線に乗ろうとすれば、どうしても待ち時間が長くなる。

飯山線も只見線も運転本数が少ない。とくに冬の只見線は列車が削減されて、一日三本しかない。そんな線を加えたからには、早起きして出かけたとしても、その日のうちに到達できるのは会津若松が限度かと思われる。

となれば、東山温泉あたりで一泊し、湯につかって、雪見酒。会津は、うまい地酒の多いところである。雪中列車に乗ったあとの温泉と地酒は、また格別だろう。

ところが、時刻表をしらべてみて驚いた。日帰りが可能なのだ。

上野発7時00分の特急「あさま1号」で出発すると、長野から先の五回の接続が奇妙に良くて、郡山（こおりやま）発21時36分の東北新幹線の上りの最終に間に合ってしまうのである。福島県の郡山から大宮までは、わずか一時間一一分。これだから新幹線は始末がわるい。

「やれやれ、日帰りですか」

と私は藍君に言った。

「飯山線と只見線の両方に全部乗って日帰りとはすごいですね」

「まさかと思っていたけれど」

「いままでのスケジュールのなかでは最高の傑作です。これはおもしろいや。ぜひ実行しましょう」

列車があるかぎり先へ先へと乗継がねばならぬのは、私の身から出た錆で宿命である。

これにたいし、あまり無理をせずに温泉にでも泊ったらどうですか、と切りだすのが藍君の立場である。

ところが、この関係が近時とみにおかしくなってきている。私と何回か行を共にした結果であろうが、私よりも症状が重くなってきたようだ。二年前なら「ウヘエ！」と眉をしかめたはずのスケジュールが、いまや「最高の傑作です」に変っている。

「最高の傑作というより最高の強行軍ですな」

と私は浮かぬ声で言った。

「でも、朝から夜まで歩きづめというのじゃなくて、汽車のなかに坐っていればいいのですから」

と藍君。

これだって私の説である。そんなに汽車ばかり乗りつづけたら疲れるだろうとの問いにたいし、いや、歩くわけでも労働をするわけでもありませんから疲れやしませんよと、私は言い張ってきた。藍君にもそう言ったことがある。

「わかってますよ」

「じゃあ、日帰りで実行しましょう」

「しかし、はたしてその日のうちに東京まで戻れるかどうかは、わかりませんよ」

「なぜですか」

「雪で飯山線が不通になるかもしれない。只見線もあぶない。不通にならないまでもダイヤが乱れて大幅に遅れる可能性は大いにある」

「そうなったら、どこかに泊ればいいですね。飯山線の沿線や会津には温泉もありますし」

「いや、汽車のなかで一晩明かすぐらいの覚悟は必要ですよ。ついこないだも秋田の矢島線で乗客が一晩カンヅメになった。そうなれば暖房は止る、腹は空く」

藍君を脅かしてやろうという気持もあったが、それはウソではなかった。厳しい寒波が来て、上信越方面の大雪が報じられていた。

「じゃあ、行くのは金曜日にしてくれませんか」

と藍君が言う。金曜日ならば一泊、二泊を余儀なくされても会社を休まずにすむからであった。それで、実行日を一月二〇日（昭和五九年）に決めた。

なお、今回はこのシリーズの挿絵(さしえ)をかいてくださっている大竹雄介さんが同行する。いったいあの二人はいかなる汽車旅をしているのか、それを実見してみたいとのことであった。

前日の一月一九日、東京に六年ぶりの大雪が降った。積雪は二〇センチ程度で、雪国とはくらべものにならないが、東京にとっては大雪である。

私は物好きで、雪が降りだすと子どもといっしょにはしゃいでしまうほうなのだが、今回はおもしろくない。せっかく雪国へ出かけようとしているのに、行くまえから白一色では雪国への旅の新鮮さが失われる。

それに、あすの朝、七時までに上野駅へ行けるかどうかも覚束(おぼつか)ない。太平洋側の交通機関は防雪設備や除雪体制がほとんど備わっていないから、すぐ不通になる。道路にくらべれば鉄道のほうが雪に強いが、これにも分岐器(ポイント)という弱点がある。とくに朝がいけない。凍結して動かなくなる。

私たちは、三人三様の私鉄や国電を乗継いで上野駅へ集ることになっている。はたして無事に三人が「あさま1号」の発車までに顔をそろえることができるだろうか。その「あさま1号」にしても、定時運転ができるかどうか。

降りつづく雪を怨(うら)めしく見やりながらラジオのニュースに耳を傾けていると、藍君から電話がかかってきた。

「雪ですね。電車が不通にならないといいですが」

その声が鼻にかかっている。どうしたのかと訊ねると、風邪気味で会社を休んでいるという。

	営業キロ	列車番号		137D
信越本線	0.0	長野	発	1036
	3.9	北長野	〃	1042
	6.8	三才	〃	1046
	10.8	豊野	着	1051
飯山線			発	1055
	13.0	信濃浅野	〃	1059
	14.7	立ケ花	〃	1102
	17.7	上今井	〃	1107
	19.6	替佐	〃	1112
	25.4	蓮	〃	1121
	30.0	飯山	着	1127
			発	1128
	31.3	北飯山	〃	1131
	34.6	信濃平	〃	1136
	38.3	戸狩	〃	1142
	41.9	上境	〃	1148
	46.2	上桑名川	〃	1155
	48.4	桑名川	〃	1200
	50.5	西大滝	〃	1203
	52.6	信濃白鳥	〃	1207
	55.5	平滝	〃	1212
	57.4	横倉	〃	1216
	60.5	森宮野原	着	1222
			発	1223
	63.3	足滝	〃	1229
	65.7	越後田中	〃	1233
	68.7	津南	〃	1238
	72.9	越後鹿渡	〃	1245
	75.3	越後田沢	〃	1250
	78.3	越後水沢	〃	1255
	81.2	土市	〃	1300
	86.1	十日町	着	1306
			発	1309
	89.2	魚沼中条	〃	1314
	93.6	下条	〃	1319
	98.9	越後岩沢	〃	1326
	104.0	内ケ巻	〃	1333
	107.5	越後川口	着	1338

営業キロ	列車番号		436D	438D
0.0	小出	発	1451	1634
3.6	藪神	〃	1457	1640
5.7	越後広瀬	〃	1502	1645
8.2	魚沼田中	〃	1507	1650
12.1	越後須原	〃	1514	1657
16.5	上条	〃	1521	1703
19.6	入広瀬	〃	1527	1709
…	柿ノ木	〃	1532	1715
26.0	大白川	〃	1548	1721
40.2	田子倉	〃	1611	
46.8	只見	着	1620	ー
		発	1650	ー
51.3	会津蒲生	〃	1657	(1月10日↓3月31日は只見のりかえ)
54.3	会津塩沢	〃	1703	
59.8	会津大塩	〃	1711	
62.0	会津横田	〃	1715	
65.2	会津越川	〃	1721	
71.6	本名	〃	1731	
74.4	会津川口	着	1736	
		発	1744	
76.9	会津中川	〃	1749	
80.1	会津水沼	〃	1755	
84.0	早戸	〃	1802	
89.8	会津宮下	〃	1812	ーー
91.5	会津西方	〃	1816	…
93.7	会津檜原	〃	1821	…
95.6	滝谷	〃	1825	…
98.3	郷戸	〃	1831	…
101.9	会津柳津	〃	1837	…
105.5	会津坂本	〃	1843	…
109.2	塔寺	〃	1850	…
113.6	会津坂下	〃	1857	ーー
116.3	若宮	〃	1901	…
118.4	新鶴	〃	1905	…
120.4	根岸	〃	1908	…
123.9	会津高田	〃	1915	…
128.7	会津本郷	〃	1922	…
132.1	西若松	〃	1929	…
133.9	七日町	〃	1933	…
135.2	会津若松	着	1936	…

日本交通公社『時刻表』昭和59年１月号より

「延期しましょう」

と私は言った。

「いえ、もう風邪は治りました。大丈夫です。大竹さんは家が遠いので今晩は都内のビジネスホテルに泊ると張りきっています」

「………」

「雪を見たら、ますます行きたくなりました。この調子だと、飯山線や只見線の雪はすごいでしょうね」

「ますます立往生の可能性が

強くなってきましたな」

「ぼく、これから銀行へ行ってきます」

「銀行?」

「いつ帰れるかわかりませんし、お金がたりなくなるといけませんから」

風邪気味だというのに、延期しようとの発想など、まったくない。

それにしても、たぶんナケナシであろう貯金をおろしてくるとは殊勝なことだ。

電話を切ってから私も長靴(ながぐつ)をはいて銀行へ出かけた。ついでにインスタント食品を仕入れ、霜取りスプレーと亀の子(かめのこ)ダワシを買った。これは列車の窓に氷着した雪や霜を払うためである。


諸物資やスェーターなどが詰めこまれて、いつもより丸くふくらんだ鞄(かばん)を提げ、未明の五時過ぎに家を出る。

駅への暗い雪道を歩きながら、物好きなことだと思う。以前は、こんな道楽につき合わされる藍君を気の毒に思ったものだが、ちかごろは、そうでない。きょうなど、むしろ逆だ。

案じていた電車は正常に走っていて、六時すぎには上野駅に着いた。早すぎたので、二人はまだ来ていない。

屋根に雪をのせた列車が停っている。機関車の全面を真っ白にして寝台特急が到着する。冬の上野駅ならではの光景だが、東京も雪景色なので感銘がうすい。

大竹さんと藍君が現れた。二人とも着ぶくれして、思いなしか丸っこい。私も着こんできたのでズボンの胴回りが窮屈である。

が、無事に三人が揃ったのは目出度い。これで第一の関門は突破した。

特急「あさま1号」も定刻7時00分に発車した。

太平洋側に大雪を降らした低気圧は東方に去り、台風一過のような快晴である。雪が粉塵を洗い落として空気が澄んでいるからであろう、大宮を過ぎると早くも右窓前方に日光の男体山が鮮明な稜線を現わした。

藍君が時刻表を開いて大竹さんに説明している。

「越後川口での接続が、たったの八分、会津若松も八分です。一〇分遅れたら今日中に東京に帰れないわけです。すごいスケジュールでしょう」

手つきも慣れたもので、巻頭の索引地図を見ずに飯山線や只見線のページを開く。

「だいぶ時刻表の通になってきたようですな」

と、大竹さんはチョビ髭に笑みをうかべて藍君の顔を眺めている。

長野には10時19分に着いた。九分の遅れだが、飯山線の発車は10時36分なので問題はない。

あたりの雪が少ない。長野市は盆地の中心で積雪の多いところではないが、きょうは東京よりも少ない。地表がうっすらと白いだけである。

しかも青空が覗いて陽がさしている。身を引きしめて暖房の車内からホームに降りたのに、寒さを感じない。

「なんだか春のようですね。雪も溶けかかっている」

怪訝そうに藍君が言う。

「大丈夫。飯山線に乗って一時間もすればドカ雪になりますよ」

「そうだといいんですが。雪が少ないとつまりませんからね」

雪国の人が聞いたら怒りそうな会話だが、私たちは豪雪を見たくてやって来たのだ。

上野で買った駅弁が胃にたまっていて、まだ空腹をおぼえないが、二人を促してホームの立食ソバをかきこむ。飯山線には駅弁を売る駅が一つもない。

飯山線の起点は信越本線で三つ先の豊野であるが、列車はすべて長野発着となっている。

定刻10時36分に長野を発車。ディーゼルカー四両編成の車内にはスキー客が何組かいる。飯山か野沢へ行くのであろう。

豊野に着くと、

「接続列車が遅れておりますため、九分停車いたします」

との車内放送があった。信越本線の上りが遅れているらしい。早くも遅れである。終着の越後川口での接続時間は八分しかない。きわどいことになってきた。

六分遅れて豊野を発車した。電化されている信越本線の架線が左へ去り、こちらはローカル線の上を走りだす。線路の響きも変った。

いよいよ飯山線だぞと、大げさに言えば襟を正す思いだが、沿線のリンゴ畑には陽光がさしている。雪も浅い。

どうも陽気がおかしい。低気圧が太平洋側を通過したために冬型の気圧配置がゆるんでしまったのだろうか。

「このぶんだと、吹雪で立往生する心配はなさそうですね」

と、藍君が期待はずれの面持ちで言う。まだ飯山線に入ったばかりで、性急な話だが、大竹さんも物足りなさそうな顔をしている。

飯山線の雪の物凄さを喧伝してきた私としては、立場上おもしろくない。だから、

「吹雪のかわりに雪崩のおそれがでてきましたよ。この陽気で雪がゆるんで」

と言った。その可能性はなくもないが、二人の期待と不安を持続させねばならぬ私も楽ではない。

右窓に千曲川が広い河原を見せて近づいてきた。飯山線は、ひたすらこの川に沿って走る線である。

飯山線の前身は「飯山鉄道」という私鉄で、戦時中の昭和一九年に国鉄に買収されている。私鉄として建設された線は一般に駅間距離が短い。ちょっと走っては、すぐ停る。

そのたびに藍君は時刻表と腕時計を見くらべる。現在の遅れは六分で、八分以上遅れると上越線に間に合わない。

そんな藍君の焦燥をよそに、飯山線のディーゼルカーはのんびりしている。一人、二人の客が降りたり、一人も乗らなかったりする小駅でも、ドアをすぐには閉めない。閉っても、なかなか発車しない。ようやく動き出しても、ディーゼルカーだからエンジンがブルブルブルブルンと唸って電車のように素早くは加速しない。

「遅れを取り戻そうとする気持が全然ないようだなあ」

と藍君が嘆く。

飯山が近づくと、ようやく雪が深くなってきた。

雪の積りかたは、ちょっとした地形や風向きでずいぶんちがう。まして鉄道の場合は盛土あり切通しあり、さらには除雪車によってはね飛ばされた雪が線路際に積る。車窓から眺めたぐらいで積雪量がわかるものではないが、それを承知で言えば平均一

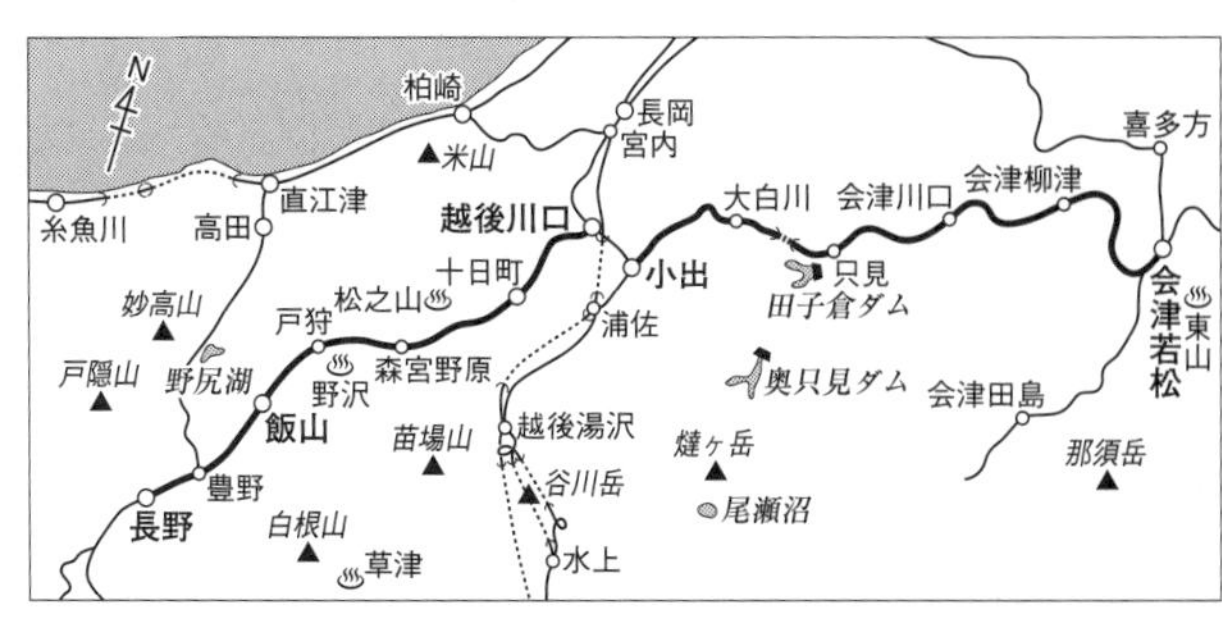

メートルぐらいになった。

しかし、飯山で一メートルとは、いかにも少ない。しかも空は晴れて、軒のツララの先からは雪溶け水が滴り落ちている。

車内に陽がさしこむ。暖房も効いている。厚着もしてきた。

暑いので窓を開ける。冬の飯山線に乗って窓を開けるとは考えてもみなかった。せっかく持ってきた霜取りスプレーも亀の子ダワシも使いようがない。

飯山から一五分で戸狩に着く。野沢菜とスキー場で知られる野沢温泉への下車駅である。赤や青のヤッケのスキー客が降りて、車内が閑散になった。

もう一両に数人ずつしか客はいない。

しかし、ここから先が飯山線の見所である。七八五センチという国鉄史上最深の積雪を記録した森宮野原駅もこの先にある。

期待をこめて窓外に眼をこらす。

きのうの夜は、寝坊をしたら大変と、目覚し時計を二つもセットし、それでも起床時刻が気になってほとんど眠れず、けさから朦朧の状態だったが、ここに至って眼が冴えた。

にわかに雪が深くなった。あてにならない数値だが、一五〇センチを越え、二メートルに迫ってきた。

日が翳った。雪雲が空を被ったのである。雪も舞いはじめた。戸狩を発車して一〇分もたたないうちに、窓外が一変した。

千曲川の谷も狭まり、蛇行する流れがこちら側に迫るときは、飯山線も、平行する国道117号線も崖っぷちに追いつめられる。窓に頰を近づけても川面が見下ろせない箇所もある。

そういうところは、山側の斜面も急だ。もし雪崩に襲われれば、ディーゼルカーは崖下に転落してしまうだろう。

トンネルも多くなった。片側だけトンネル状の「雪崩覆い」もある。

山肌を見上げれば、正に防雪設備の展覧会場で、「防雪柵」「防雪堤」「雪崩跳ね」などが中腹までつらなっている。はじめて飯山線に乗ったのは二〇年ぐらい昔になるが、当時はこれほど盛大な防雪設備はなかった。

飯山線といえば「雪で不通」が対句のようになっていたが、最近はあまり聞かない。

雪崩の多発区間には新しくトンネルを掘ったともいう。飯山、戸狩などの駅では、ローカル線には不似合いなほど堂々たる体軀の除雪車を見かけたし、年間五〇億円にも及ぶ飯山線の大赤字に占める防雪関係費の比重は高いにちがいない。

積雪が深くなるにつれて民家の背丈が高くなってきた。一階の部分が高いのである。二階から側室を突き出した「中門づくり」も見かけるようになった。その高い二階の屋根で雪落しをする人もいる。

12時27分、五分の遅れで森宮野原に着く。

昭和二〇年の七八五センチには及ぶべくもないが、ホームの雪の壁は駅舎の軒に達している。乗りこんできた保線係らしい職員に訊ねてみると、約二メートルぐらい積っているとのことであった。

森宮野原を過ぎると、長野県から新潟県に入る。千曲川も名を変えて信濃川になる。

藍君を誘って最後尾の車掌室へ行く。

除雪車によって垂直に削り掘られた白い塹壕がつづいている。

「ようやく飯山線らしくなったようですが、こんなものでしょうか」

「もう一息という感じがするけれど」

「あと一メートル欲しいですね」

そのあたりが共通の印象であった。

信濃川を渡って十日町の盆地に入ると、耕地が広がる。蛇行する川とともに、くねくね曲ってきた線路が直線になる。ディーゼルカーは速度を上げた。

絹織物で名高い十日町は飯山線の沿線では第一の町である。駅舎も立派で、跨線橋もかかっている。そういえば、飯山線に入っていらい、跨線橋のある駅は一つもなかった。

十日町を二分遅れで発車した。終着の越後川口まで、あと三〇分である。どうやら無事に上越線に乗継げそうだ。

「順調なのもいいけれど、いまひとつ物足りない」

と私。

「温泉で雪見酒はダメかなあ」

と藍君。

大竹さんは、

「鼻からツララが下るのかと覚悟していましたが」

であった。

雲が切れて、また陽がさしてきた。

越後川口には一分の遅れもなく、定刻13時38分ちょうどに着いた。

細い地下道を通って上越線のホームに上ると、大きな風呂敷包みを脇に置いたお婆さんが一人、木のベンチに坐っている。話しかけてみると、

「ひさしぶりやなあ、こんなお天道さまが拝めるのはのう。きょうは温うて、気分がええわ」

と言って皺の顔をほころばせた。

つぎは只見線である。

只見線の始発駅小出までは越後川口から上越線の上り電車に乗ればすぐで、一〇分ぐらいしかかからないし、上越線は電化複線の幹線なのだが、この区間の運転本数は少なく、13時46分発に乗り遅れると、つぎは15時36分まで電車がない。

飯山線のわずかな遅れを、いちいち気にしていたのはそのためであったが、無事に間に合って、13時57分、小出着。

つぎの只見線の発車時刻は14時51分で、五〇分余の待ち時間がある。

今回のスケジュールのなかで、唯一の長い待ち時間だが、冬の只見線の全線を走る列車は一日に三本しか運転されないのだから、それを考えればわるいほうではないだろう。しかも、14時51分発が会津若松行の終列車である。

その間を利用して、駅前の食堂に入る。

飯山線と同様、只見線にも駅弁のある駅は一つもない。長野での立食ソバを含めれば、これが三回目の食事である。このあと、会津若松での駅弁、東北新幹線のビュフェが予想されるから、質量ともに寂しいながら五回の食事という記録が樹立されそうだ。

小出駅の1番線と2番線は上越線用で、屋根がかけられ、ホームの雪もきれいに払われている。只見線用の3番線は屋根がなく、雪がうず高い。

「只見線は虐待(ぎやくたい)されとるなあ」

と、階段を下りてきた客が言う。

14時51分、雪の3番線から二両連結のディーゼルカーは発車した。会津若松までは四時間四五分かかる。

車内は中学生や高校生が乗りこんで、座席の半分ぐらいがふさがっていた。しかし、二つ目の越後広瀬から駅ごとに下車して、三〇分もするとガラ空きになった。

いつのまにか上空は厚い雪雲に被われ、粉雪がチラつきはじめた。

すでに夕べの気配が迫り、前方に立ちはだかる福島県との境の山なみが、薄墨色に変ってきた。

その山々が近づくにつれて雪が深くなった。雪原には稲架(はさ)用のハンの木が寒々と並んでいる。

「飯山線よりこちらのほうが雰囲気(ふんいき)がありますなあ」

と大竹さんが言う。

平地が尽きて、山ふところの大白川(おおしらかわ)に着く。大白川は、ながいあいだ只見線の終着駅だった。この先に「六十里越」という雪の難所があり、長いトンネルを掘らねばならないからであった。

全長六三五九メートルの六十里越トンネルが完成し、只見線が全通したのは昭和四七年八月二九日で、当日の一番列車に私は乗ったことがある。その時の記憶は鮮明だ。地元の人たちで超満員の列車が長いトンネルを抜け、田子倉(たごくら)のダム湖が現れたときは、みんな手をとり合い、肩を叩(たた)き合って涙を流した。泣いていないのは私だけで、バツがわるかった。

大白川を発車すると山峡(やまかい)の上りにかかる。対岸の急斜面に雪崩の跡がある。谷底には倒木が雪に埋れている。

六十里越トンネルに入った。

上り勾配(こうばい)のつづくトンネルなので、ディーゼルカーはエンジンを唸らせながら、ゆっくりと上って行く。軽油の消費量は相当なものだろう。だが、二両の車内の客は私たちを含めて一〇人そこそこである。しかも一日にわずか三往復。地元の人たちは鉄道の開通に狂喜乱舞するが、乗るのはマイカーである。只見線は昭和五七年度の収支係数が八九八、つまり一〇〇円の収入に対し支出が八九八円という大赤字路線であるが、六十里越の区間だけで計算すれば、この何倍もの悪い数字になるだろう。

雪覆いのなかの田子倉駅から雪にけぶるダム湖を眺め、下り勾配のトンネルを抜けると、眼下に只見の小盆地が灰白色に広がった。

只見着16時20分。ここで三〇分も停車するのだが、時刻表には、

「1月10日↓3月31日は只見のりかえ」

との註記があり、ホームの反対側に三両連結のディーゼルカーが待機していた。雪で私たちの乗った列車が大白川あたりで立往生した場合でも只見から先の運転は確保しようとの措置であろう。

三〇分も時間があるので、改札口を出て町を歩く。かつては田子倉ダムの建設で賑わった町も、雪の中でひっそりしていた。積雪は二メートルくらいであった。

16時50分、只見発。

三両のディーゼルカーは只見川の谷に沿って緩い勾配を軽やかに下って行く。

薄暮の雪は、かすかに藍色を帯びる。

淡藍色の雪原のあいだから川面がのぞいている。深く濃い紺の水だ。

冷たく静寂な自然の原型。みとれていた大竹さんが、

「カナダのようだ」

とつぶやく。

谷間には、まだカヤ葺き屋根の民家が点々と残っている。その民家に明りが灯りはじめた。そして、あたりが闇に包まれるにつれ、灯火が明るさを増していく。

会津川口、会津中川、会津水沼と、「会津」を冠した駅が続く。只見―会津若松間の二八駅のうち「会津――」が一七駅もある。そのほとんどが無人駅である。

景色が見えなくなって、時刻表と腕時計を見くらべるぐらいしか、することがない。どの駅も定刻に発車した。

会津若松が近づくと、雪も浅くなった。もはや、このまま順調に東京へ戻るほかはなさそうである。

九州行・一直線は乗りものづくし

東京から九州まで一風変ったコースで行ってみようと思いたった。

渥美半島の先端の伊良湖岬からフェリーで鳥羽へ渡り、紀ノ川沿いに和歌山へ出て、高速船で徳島県の小松島へ、四国を横断して佐田岬から潮流の速吸瀬戸を横切り、大分県の佐賀関に上陸し、阿蘇を通って熊本へというコースである。

「三回も船に乗るわけですね」

と藍孝夫君が言う。

「つまり、中央構造線の旅であります」

「中央構造線？」

「高校の地学の時間に習ったはずだけど」

「ああ、その中央構造線ですか。覚えています。日本列島を東西に分けるのがフォッサ・マグナ、西日本を南北に割るのが中央構造線でしたっけ」

「そうです。その中央構造線をたどってみようというわけです。九州へ行くのに名古屋も大阪も広島も通らない。愉快ではないですか」

「飛行機なら、ちょうど中央構造線の上を飛びますね」

「それを言っちゃいけません」

日本列島を地殻構造的に大別し、フォッサ・マグナ（大地溝帯）とか中央構造線とか言いだしたのは明治のはじめ、日本政府の招きによって来日したドイツの地質学者E・ナウマンである。

中央構造線の存在については地図を見ただけで、よくわかる。渥美半島、紀ノ川、吉野川、佐田岬半島が一直線上に並んでいる。

さらに地質図を見ると、この線に沿って変成岩の帯がある。地殻変動によって押しひしがれ、岩が変質したのであろう。

このくらいのことは素人の私にもわかる。しかし、素人なるがゆえに「中央構造線」という名称はピンとこない。むしろ、巨大な造物主によってメスを入れられた日本列島の、その傷痕のように見えて、痛々しい。

が、とにかく中央構造線をたどって九州まで行ってみたい。和歌山―小松島間には高速船が就航したばかりであり、細長い佐田岬半島をバスで走ってみるのも面白そうである。

「汽車とバスと船を一五回ぐらい乗継いで、三日がかりで行く。壮大な計画ではないですか。そう思いませんか」

と私は藍君の賛同を促した。

「なるほど」

肯いてはいるが、口もとには微苦笑がある。

「プランに事欠いて屁理屈をこねているとでも思っているのかな」

「そんなふうには思っていません」

「そう見えるけど」

「見えるのならしかたありません」

「まあいいや。それで、どうしますか、実行しますか」

「ええ。このシリーズでは、まだ四国と九州が手つかずですから、ちょうどいいと思います」

「帰りは鹿児島から『はやぶさ』を乗り通してみませんか。東京まで一五〇〇キロ、二二時間。日本最長距離の列車です」

これも同意を得、三月下旬に実行と決めて藍君は帰っていった。

さあ楽しくなってきた。旅行自体もさることながら、こういう計画が眼の前にちらつくと時刻表をひもとく楽しみが幾層倍する。

だいたい、旅行は計画が楽しい。その楽しさは、しばしば実際の旅行を凌駕する。とくに今回のように十数回もの乗継ぎを要する場合は計画の楽しさが限りない。

東京を朝に出て和歌山で第一夜を過すか、それとも豊橋で一泊し、翌日は徳島まで行って鳴門(なると)ワカメを賞味するか、八幡浜(やわたはま)で泊るよりは佐田岬に近い三崎(みさき)港のほうが面白かろうとか、その他さまざまの欲望に触発されては時刻表のページをくり、可、不可の回答を得てはまた練りなおす――。

一週間ほどすると、藍君から電話がかかってきた。

「中央構造線のスケジュールができました」

気の早い話である。三月下旬までは、まだ三カ月もある。こちらは時間をかけて、ゆっくりと楽しみつつあるのだ。

「そんなに急ぐ必要ないでしょう。まだまだ先のことじゃないですか」

「でも、出来ちゃったのです。見てください。いまからうかがっていいでしょうか」

そう言われれば、敵がいかなる作戦をたてたか、知りたくなる。

藍君が近時とみに時刻表マニア的な容体を呈してきたことについては前にも記したが、今回は一段と顕著になっていた。

示されたのはレポート用紙四枚に及ぶもので、第一日目にA案とB案がある。二日目にはA案とB案がそれぞれ分裂してA′、A″、B′、B″になる。三日目ともなれば倍々のネズミ算的にふくれあがる。それを几帳面(きちょうめん)なキレイな字で書いてある。

さっそく拝見すると、なかなかの出来栄えである。わが相棒も成長したものだと思う。

だが、まだスケジュールを決定したくない。三カ月も先のことである。あと一カ月か二カ月、未決定のままにしておかないと時刻表と戯れることができない。

不満が腹の底にあれば、ケチをつける材料はすぐ出てくる。

「阿波池田から多度津へ向うとは、どういうわけですか」

「なるべく鉄道を利用したほうがよいと思いまして。接続もいいですし」

「それでは中央構造線からはずれる。峠を越えて川之江へ直行するバスがあるはずです」

藍君が時刻表を開く。

「八幡浜から三崎への途中で日が暮れるのはよろしくない」

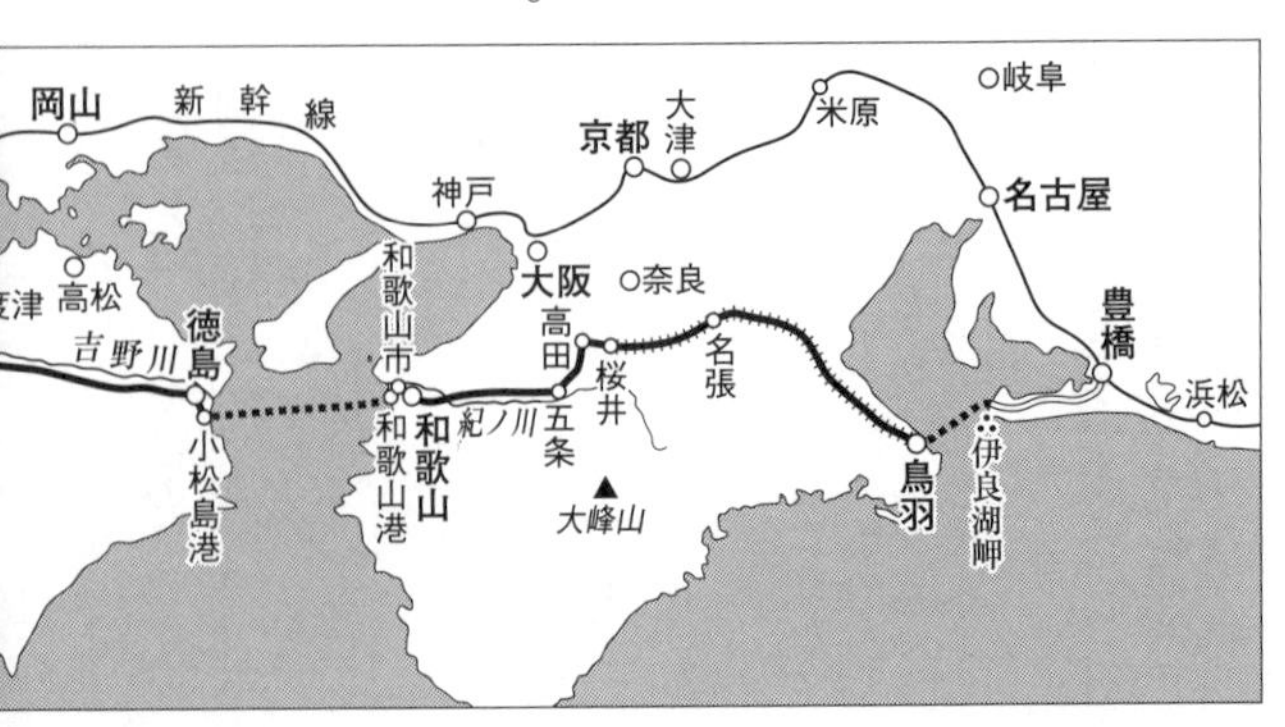

「八幡浜に泊っても、何もないところらしいので」

「何もないからといって、つまらないとは限りませんよ。無いところには無い良さがある」

内心は三崎に魅(ひ)かれているのだが、そういうことを言う。心外そうに藍君はまた時刻表のページをめくる。

その他いろいろと藍君いびりをやって数時間を過し、再考を促したあと、近所の寿司屋(すしや)で一献して別れた。

これでしばらくは無音(ぶいん)だろうと安心していると、旬日を経ずして、また藍君がやってきた。もちろん、あの几帳面な字で書かれた第二稿を携えている。

こんどは私の意見が採用されているので、ケチをつけにくい。あんな注文をつけるのではなかった、原案のほうがよかったと思う箇所もあるが、いまさら言いだすわけにもゆかない。けっきょく、早ばやとスケジュールが決定してしまった。

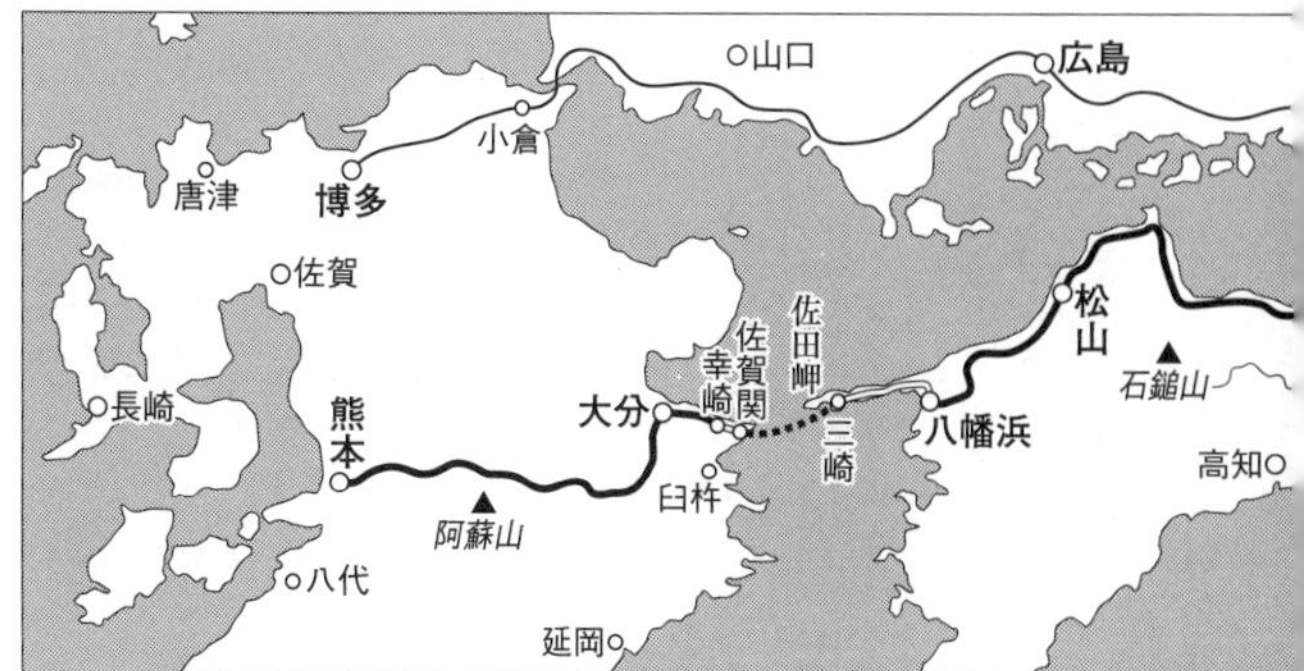

「大旅行ですね」

と藍君が満足げに言う。熊本に着いたあと、肥薩線経由で鹿児島まで行き、「はやぶさ」で戻ってくるという贅沢を加えたので、乗継ぐ列車、バス、船は二三本にも及び、旅館三泊、車中一泊、これまでにない「大旅行」になった。

二カ月余が過ぎて出発日の三月二〇日（昭和五九年）がきた。まず乗るのは東京発7時04分の「こだま」である。

午前五時過ぎに起床した。雪が降っている。まったく今年は雪が多い。

藍君のアパートに電話をかけてみると、

「雪で新幹線が遅れないでしょうか」

と心配そうな声をだす。

「遅れたら遅れたで面白いじゃないですか」

「でも、せっかくのスケジュールがガタガタになります」

「今晩は予定を変更して鳥羽泊りになるかな。伊勢エビが食えるかもしれない」

「困るなあ。ぼくはスケジュールが気になってしょうがない性分なのです」

案ずることもなく、「こだま」は雪のチラつく東京駅を定刻に発車した。関ケ原にさしかかれば遅れるのかもしれないが、中央構造線を目指す私たちは豊橋で下車する。

豊橋までならば大丈夫だろう。

四泊五日の旅がはじまった。

私たちが手にしているのは表紙つきの部厚い周遊券である。これはオーダーメイドで、まず東京—豊橋の国鉄乗車券、「こだま209号」の指定券、豊橋—伊良湖岬の豊橋鉄道のバス券、伊良湖—鳥羽の伊勢湾フェリーの乗船券というぐあいに全行程の乗車船券や指定券が綴じられている。

一枚一枚めくりながら眺めていくと、ガンジガラメで、身柄を拘束されたような感じがしないでもないが、こういうふうに全行程を一括し、「周遊指定地」なるものを二カ所以上訪れるという条件を満たせば乗車船券がすべて一割引になる。

「交通公社で注文しましたらね、面倒くさそうな顔をされました」

と藍君が言う。

「いいお客のはずだがなあ」

「いますぐでなくていいんだろうとか、いろいろ言うんですよ。思い出すだけでも腹が立つ」

計画の段階では私にシゴかれ、切符を買いに行けば嫌われるとは、気の毒な話だ。

相模平野は雪景色だったが、小田原を過ぎると雪は消え、陽がさしてきた。が、浜松に近づくあたりから小雨になった。私たちのスケジュールと同様に天候のほうも目まぐるしい。

豊橋着9時23分。新幹線の改札口で「こだま」の指定券を切り離して渡し、駅の改札口では豊橋までの乗車券を渡す。トラベラーズ・チェックが一枚ずつ減っていくときの、あの感じに似ている。

駅前から9時40分発のバスで伊良湖岬へ向う。渥美半島の根元から先端まで行くので一時間半ほどかかる。

渥美半島に足を踏み入れるのははじめてであった。あまり特色のない地味な半島で、もし「中央構造線の旅」を目指さなかったら、行かずじまいになったかもしれない。社会科用の地図帖で見る渥美半島は緑で塗られており、形も平凡で、長く伸びた砂洲か砂丘のような印象を受ける。

けれども、そうではなかった。

豊橋からしばらくのあいだは、緩い起伏の砂丘がつづき、想像どおりだったが、進むにつれて岩を露出した山々が左右に現れてきた。能登半島でも走っているかのようだ。

持参した二五万分の一の道路地図を開くと、なるほど、標高三二八メートルの山もある。つい渥美半島を軽視して、地図をじっくり眺めたことがなかったが、さすがに中央構造線の一翼を担うだけの半島ではある。お見それしました、という気持になる。蒙を啓かれつつある私にたいし、藍君は車を運転して伊良湖岬まで行ったことがあるという。だから渥美半島に関しては藍君が先輩なのだが、両者の関心には若干のちがいがあって、

「伊良湖岬への途中に、うまい釜あげウドンを食べさせる店がありましてね。あの味は忘れられないなあ」

と言う。渥美半島の最大の特色が釜あげウドンにあるかのような言いかたである。

東京駅のサンドイッチをつまんだだけの私は唾を飲んだ。まだ一〇時だが、早起きをしたので、すでに腹がすいている。しかし、道の途中に店があるのではバスの客は食べられない。

バスは三河湾を見下ろす高みに出た。蒲郡や点在する島々も望まれる。渥美半島にもこんな眺望があるのかと思う。

小さな集落を通るたびに客が降りて、伊良湖岬が近づくと私たちだけになった。バスは、静かな松林のなかの国民休暇村を通り抜け、終点のフェリーターミナルに着いた。二〇〇人は収容できそうな食堂のある立派な建物であった。

バスは空いていたが、ターミナルは賑わっていた。きょうは春分の日なので、子どもづれが多い。乗船を待つマイカーが長い列をつくっている。

鳥羽へ渡るフェリーの発船は11時35分で、二〇分ほど時間がある。もちろん、何か食べなければならない。

食堂の入口に立食ソバと三河湾名物「大あさり」を焼いている屋台がある。

しかし私たちは食堂のカレーライスに食指を動かした。なんでもあるかわりにどれもマズそうな店で食事をする場合、比較的安全なのはカレーライスだという点で二人の意見は一致していた。時間がないときに手っとり早く空腹をいやすにも便利である。

ところが、そのカレーライスがなかなか運ばれてこない。催促すると、まだしばらくかかると言う。飯を炊いているらしい。

カレーライスを諦め、フェリーに乗りこみながら、

「船のなかで弁当でも買いましょう」

と私は言った。

「あるでしょうか」

「ありますよ、あんな大きな船だから」

このところ、私の見込はよくはずれる。

去年の一〇月、青森から「白鳥」に乗ったときは、ガラ空きの予想に反して満席だった。一月の飯山線では冬の晴れ間にめぐりあい、豪雪地帯の厳しさに接することが

できなかった。きょう乗った「こだま」にしても、春の休日だから自由席では坐(すわ)れないだろうと指定券を買っておいたのに、その必要はまったくなかった。そして、フェリーの売店には弁当がなく、立食ソバもなかった。

　出港すると、船が揺れはじめた。海上には一面に白波が立っている。よろめきながら後甲板に出てみたが、風が強く冷たく、ながく立ってはいられない。まだ春の海ではない。

　売店で買ったチップスをむさぼっていると、『潮騒(しおさい)』の舞台になった神島(かみじま)が上下に揺れながら左舷(さげん)を過ぎていく。

　伊良湖岬(いらござき)から鳥羽までは約二〇キロ、正一時間の短い船旅だが、空腹の身には長く感じられる。鳥羽が待ち遠しい。

　三〇分余で右に答志島(とうしじま)、左から菅島(すがじま)が迫り、松島のような景色になって、12時30分、予定より五分早く鳥羽港に着岸した。

　つぎに乗るのは13時15分発の近鉄特急である。四〇分ばかり時間の余裕があるので、しかるべき昼食に恵まれるだろうと期待していたのだが、船は駅から離れた真珠島の南側に着いている。駅までの距離を訊(たず)ねると、歩いて一五分かかるという。

十何年かまえ、蒲郡から鳥羽へ渡ったときは、駅のすぐ前の港に着いた記憶がある。フェリーが就航するようになって港の位置が変ったらしい。これも見込はずれであった。

マイカーにとっては駅の位置など問題ではない。みんな、さっさと走り去って行く。私たちだけが殺風景な埋立地の上を冷たい海風を受けながら駅へ向って歩く。これで、ゆっくり食事をする時間がなくなった。

鳥羽駅の食堂に入り、大急ぎで「肉うどん」を食べる。胃袋を満たすだけが目的だったが、これが意外にうまかった。汁は関西圏に入ったことを示す淡白さで、松阪に近いからでもあるまいが肉も上等なように思われた。

互いに機嫌がよくなって近鉄特急に乗りこむ。これまた気分のよい車両で、国鉄より運賃も特急券も安いのに居住性も雰囲気も上回っている。オシボリのサービスもある。

近鉄駅に接して国鉄の鳥羽駅がある。参宮線の終点で、伊勢参宮が国民の必修課目であった時代は長大な列車が到着して賑わった駅である。しかし、いまは長く伸びたホームが往時を偲ばせるだけで、ひっそりとしている。

折りしも国鉄のディーゼルカーが入ってきた。13時10分着の亀山からの列車である。編成は、わずか二両、色褪せたわびしい車両で、客も少ない。それが長いホームの一隅に停車した。

鳥羽発13時15分の難波行近鉄特急は伊勢平野を快走し、私鉄最長の新青山トンネル（五六五二メートル）で布引山地を貫き、伊賀国に入った。

伊良湖岬から鳥羽にかけては陰鬱な雨雲に被われていたが、近鉄特急に乗った頃から雲が切れはじめ、新青山トンネルを抜けると快晴になった。雪とともに東京を発ってきたが、ここでは春の陽光が民家の白壁に映えている。

14時27分着の名張で下車。きょうの目的地の和歌山へ行くには終着の難波まで乗り、南海電鉄に乗継ぐほうが、ずっと早く着くのだが、中央構造線に固執するからには、名張で下車し、各駅停車に乗りかえて桜井まで行き、国鉄の桜井線と和歌山線を乗継いで紀ノ川沿いに和歌山へ向わねばならない。近鉄特急が桜井に停車してくれれば便利なのだが、国鉄との接続など眼中にない近鉄特急は桜井を通過し、国鉄とは無関係な大和八木で停車するという仕組みになっている。

名張から桜井までは二七・五キロあるが、山間なので駅の数が少なく、普通電車でも三〇分で走破してしまう。室生口大野、長谷寺など、途中下車したくなるような駅を過ぎ、勾配を快く下って行くと、前方に奈良盆地が開けて、15時02分、桜井に着いた。

15時27分発の国鉄桜井線で高田へ向う。この区間はわずか九・七キロ、一九分だが、大和三山の間を行き、駅名も香久山(かぐやま)、畝傍(うねび)とつづく。しかし、大阪近郊の宅地化の波が及んでスーパーやマンションが簇生(そうせい)し、車窓からでは万葉の昔を偲びにくくなってしまった。

高田着15時46分。つぎは国鉄和歌山線の電車で、15時49分発。なかなか接続がよい。大阪へ背を向けて南へ走りだすと、新しい住宅が減り、白壁や黒板塀(くろいたべい)の古い民家が目立ってくる。奈良盆地南部に蟠踞(ばんきょ)した豪族を偲ばせるような大きな邸(やしき)もあって、石垣(いしがき)の上に幾層もの瓦屋根(かわらやね)を重ねて、あたりを睥睨(へいげい)している。あんな家に嫁入りしたら雨戸を開けるだけで疲れてしまうだろうと気の毒になるほどだが、車窓の客にとっては眼福である。その豪邸の背後に金剛山がそそり立って大和と河内(かわち)を分っている。

金剛山を右窓に眺めながら勾配を上り、吉野口を過ぎると分水界を越えて紀ノ川の流域に入る。五条着16時22分。木工所の多い町だ。

和歌山線の電化区間は五条までなので、向い側に停車しているディーゼルカーに乗りかえる。

その車両を見て私はガッカリした。窓に背を向けて坐るロングシートなのである。じつは、夕暮が近づいたことでもあり、紀ノ川を眺めながら食前酒を一献と考えて桜井の駅で四合瓶を仕入れておいたのだが、こういう座席では酒を飲む気になれない。四人向い合せの席でなら、ただの酒のみですむが、ロングシートで飲むと住所不定のアル中の趣を呈してくる。また見込がはずれた。

酒は飲めなくてもいいが、ロングシートは景色を眺めるに不適である。和歌山まで一時間半かかるので、立ちっぱなしで外を眺めるのもしんどい。紀ノ川の流れは、うつらうつらしながらボンヤリ眺めるのにふさわしいものだと私は思っている。

心外なディーゼルカーは、のどけさと退屈とを兼ね備えたような紀ノ川の広い河岸段丘の上を走る。

首が痛くなるのを我慢して窓外を見る。彼岸の中日だからであろう、線路際を過ぎていく墓場には新しい花が供えられている。

車内の客も墓参りの帰りらしい老人が多い。疲れたのか、温暖な気候のせいか、朦朧と彼岸をさまよっているような風貌の人もいる。私も藍君の肩にもたれて、すこしまどろんだ。

17時51分、終点の和歌山に着いた。各種の鉄道とバスと船を八本も乗継いで第一日目の宿泊地にたどりついたわけだが、あと一本残っている。和歌山―和歌山市間の三・三キロである。

この区間は紀勢本線の一部であるが、大阪の天王寺へ向う直通列車は和歌山駅から阪和線に乗入れるので、メインルートからはずれて支線のような形になっている。それが憐(あわ)れであるし、和歌山市駅のほうが町の中心部にやや近い。17時59分、和歌山市着。

城跡に面したビジネスホテルに旅装を解く。ちょうど日が没して、西の空だけが赤い。

第二日。三月二一日。水曜日。薄曇。

和歌山港発8時30分の高速船で紀伊水道を横切り、徳島県の小松島へ向う。約六〇キロの海上を一時間一五分で渡ってしまうのだから、高速船の名に恥じない。

船内に掲げられた仕様書を見ると、水中翼を備えた双胴船で、二八〇トン、定員二八〇名、時速五五キロとある。

けれども客は少なく、三〇人ぐらいしか乗っていなかった。やはり車の積めるフェリーでないといけないのだろうか。

ガラ空きの高速船は波を蹴(け)たてて疾走しているらしいが、甲板へのドアがロックされているので、どんなぐあいかはわからない。しぶきが窓を濡(ぬ)らすだけである。しかし、速いことはたしかで、左舷の和歌浦(わかのうら)がぐんぐんと遠ざかり、右舷の友ケ島が刻々と形を変えていく。

窓際に坐って外を眺めていた藍君が、

「あれが四国ですか」

と前方の山を指さす。

「いや、淡路島です」

「ああ、そうですか」

中央構造線の旅行者としては重大な誤りだが、藍君は事もなげに肯いてから眼をつむり、たちまち居眠りをはじめた。昨夜、寝るとき、

「私、もしかすると一人で町へ出るかもしれません」

と言っていたから寝不足なのかもしれない。

高速ではあっても船だから景色が目まぐるしく変るわけではない。小さな船なので自動販売機とテレビがあるだけで、売店もない。甲板にも出られないし、話相手の藍君も眠っている。

ぼんやりテレビを見ていると、ニュースが鳴門大橋を映しだした。奇しくも今日、最後の鉄骨が渡され、淡路島側と徳島側から伸びてきた橋がつながるのだという。

その鳴門大橋は右舷二〇キロにある。遠いので工事の模様まではわからないが、眼をこらすと、大吊橋を支える二本の橋脚が針のように銀色に光っていた。

小松島港の倉庫や岸壁が前方に迫ってきた。しかし、高速船は速度を下げない。このままでは四国に激突するぞと思ううち、体が前のめりになるほどの制動がかかり、ぐいと船首を右に変えると、もう岸壁に横づけになっていた。時刻は9時38分、定刻より七分も早かった。

鳥羽の場合とちがって小松島は港と鉄道とが密着している。船を下りてターミナルの建物を通り抜ければ国鉄小松島港駅のホームがある。

つぎに乗るのは9時56分発の急行「よしの川3号」阿波池田行である。

「あ、立食ソバだ」

と藍君が喜びの声をあげ、腕時計を見た。船が早く着いたので発車まで一五分はある。

ここで私たちの食生活を振り返ると、きのうは朝と昼が軽食ないし粗食、夜は和歌山の繁華街のぶらくり丁(ちょう)で大食、これでバランスが保てたのだが、けさは、まだ何も食べていない。昨夜存分に食べたため私に食欲がなく、ホテルの朝食を欠いた。妙に律義(りちぎ)なところのある藍君は私につき合ってくれたのである。しかも、和歌山港でも船内でも食物は売っていなかった。

船内では、こんな会話を交した。

「徳島で駅弁が買えなかったら悲劇だなあ」

「一分停車では無理かもしれない」

「車内販売はありますか」

「わからない」

「小松島は何もなさそうですし」

「………」

ある、と断言してもよかったのだが、なにしろわたしの見込ははずれてばかりいる。今後いっさいの予測はしないつもりであった。

そういう状況のところへ立食ソバが現れたのであった。

小松島名物のチクワ入りウドンをすすり、まだ時間があるので、スタンドのコーヒーを飲んだ。


小松島港発9時56分。

一四分で徳島に着く。客の大半が下車し、わずかな客が乗ってきた。

徳島は異色の駅である。気動車区の建物や側線は小山に抱かれ、ホームと駅舎の間には空地があって亜熱帯植物などが陽（ひ）を浴びている。県庁所在地の駅とは思えない大らかさがあり、日本離れしている。東南アジアにでも来たかのようだ。

その徳島を発車した急行「よしの川3号」は、吉野川の広い谷の南縁をまっすぐ西へ進む。

はじめのうちは谷の幅が広く、谷というより平野で、中央を流れる吉野川は見えない。

しかし、進むにつれて平野の幅が徐々に狭まってくる。中洲(なかす)をつくりながら悠々(ゆうゆう)と蛇行(だこう)する吉野川が姿を現わし、また離れる。

さらに進むと、ほとんど平地は消え、線路と吉野川が寄り添って離れなくなる。そして、河中から緑色の岩礁(がんしょう)が現れてくる。河岸の岩も緑である。中央構造線にふさわしい変成岩で、たぶん緑泥片岩(りょくでいへんがん)というのであろう。

やがて「よしの川3号」は高い河岸段丘に上り、11時34分、阿波池田に着いた。

阿波池田からは国鉄バスで西へ向い、予讃(よさん)本線の川之江へ抜けることになっている。これが中央構造線にもっとも忠実なルートである。そんな理由でもなければ乗る機会のないバスだろう。

川之江行のバスは12時45分発なので一時間余の待ち時間がある。これが今回のスケジュールのなかでは最長の待ち時間だが、ちょうど昼食時でもあり、食べものにばかり関心があるようで気がひけるが、何かうまいものはないかと駅前の商店街を歩いた。

とくに珍しいものはなく、名前につられて「祖谷(いや)そば」を食べたが、これははずれであった。

そのあと、和菓子店の隅の喫茶室で抹茶を飲んだ。藍君は栗饅頭を追加注文して、うまいですよと頰ばっている。藍君がこんなものを食べるのは見たことがない。

天候のほうも変調で、雪が降りはじめている。

川之江へ抜ける国道192号線には低いながら峠越えがある。雪でバスが遅れるかもしれない。しかもバスの川之江着は14時02分で、つぎに乗るべき特急「しおかぜ5号」松山行は14時06分発である。四分しかない。「しおかぜ5号」に乗り遅れると、きょうのうちに三崎まで行けなくなる。佐田岬の宿がどんなものを食べさせるか、それが楽しみであった。

中央構造線の旅スケジュール
—昭和59年3月現在—

発駅	発時刻	交通機関	着時刻	着駅
●第1日				
東京	7:04	（こだま209号）	9:23	豊橋
豊橋	9:40	（バス）	11:12	伊良湖岬
伊良湖岬	11:35	（フェリー）	12:35	鳥羽
鳥羽	13:15	（近鉄特急）	14:27	名張
名張	14:29	（近鉄）	15:02	桜井
桜井	15:27		15:46	高田
高田	15:49		16:22	五条
五条	16:24		17:51	和歌山
和歌山	17:52		17:59	和歌山市
●第2日				
和歌山港	8:30	（高速船）	9:45	小松島港
小松島港	9:56	（よしの川3号）	11:34	阿波池田
阿波池田	12:45	（バス）	14:02	川之江
川之江	14:06	（しおかぜ5号）	16:01	松山
松山	16:10	（うわじま7号）	17:40	八幡浜
八幡浜	17:45	（バス）	19:43	三崎
●第3日				
三崎	9:30	（フェリー）	10:40	佐賀関
佐賀関		（タクシー）		幸崎
幸崎	11:01		11:24	大分
大分	11:31	（火の山4号）	14:57	熊本
熊本	15:39	（えびの5号）	17:10	人吉
●第4日				
人吉	7:40		8:38	吉松
吉松	8:56		10:48	西鹿児島
西鹿児島	12:20	（はやぶさ）	翌10:30	東京

峠にさしかかると三〇センチぐらいの積雪になった。私は地図と腕時計を見くらべながらハラハラしていたが、バスは遅れることなく川之江駅前に到着し、「しおかぜ5号」のほうが八分遅れでやってきた。雪もやんで、西の空には青空が広がった。

四国の幹線特急「しおかぜ5号」の乗車率はよく、自由席は八〇パーセントぐらいであったが、さいわい私たちは並んで坐ることができた。

車内販売のワゴンがやってきた。きのういらい食いはぐれに懲りているから、何か売りにくると条件反射を起こす。あの戦時中の旅行者に似てきた。

弁当を食べ終ると、藍君は居眠りをはじめた。

「しおかぜ5号」は八分の遅れを取り戻し、時刻表どおり16時01分、松山に着いた。

松山からは16時10分発の急行「うわじま7号」で八幡浜まで行き、バスで佐田岬半島の先端に近い三崎に至って第二日目の日程を終えることになっている。三崎の到着予定は19時43分で、ちょっと遅いが、食事の用意は藍君が電話で頼んである。海の幸が存分に出るにちがいない。

松山発16時10分の急行「うわじま7号」には妙な車両が連結されている。といっても特別の車両ではない。要するにグリーン車なのだが、「普通車の指定席」として使用されているのである。普通急行のグリーン車の乗車率があまりに悪いためにとられた四国だけの措置で、指定席券さえ買えば「グリーン車」に乗れるようになっている。

それで、私たちも「うわじま7号」の指定券を買っておいた。

「五〇〇円でグリーン車に乗れるとは愉快ではないですか」

「グリーン車にいっしょに乗るのははじめてですね」

「やっぱり楽だなあ」

「でも、本物のグリーン車とでは、お客の顔つきがどことなくちがいますね」

「シー！」

格下げグリーン車を連結した「うわじま7号」は伊予灘の海岸に出た。逆光の夕日を受けて海が銀色に反射している。

「きのうから、ずうっと乗りつづけて、まだ四国なんですね」

と藍君が言う。

「日本は広いでしょう。そう思いませんか」

「こんなに時間をムダにして旅行するのは、はじめてだなあ」

言いたいことだけ言って、藍君はまた居眠りをはじめた。

旅の終りは個室寝台車

「きのうから、ずうっと乗りつづけて、まだ四国なんですね」

と同行の藍孝夫君が言う。松山発16時10分のディーゼル急行「うわじま7号」の車中である。

私たちは、きのうの朝に東京を発ち、九州へと向っているのだが、地学で言う「中央構造線」をたどってみようという一風変ったコースなので、なかなか九州に達しない。東京から数えると、すでに一三回も鉄道やバスや船を乗継いで、ようやく愛媛県であった。

しかしながら、乗っても乗っても日本の国土のなか、というのは、ひじょうに有難いことだ。ルクセンブルクなんぞで鉄道でもバスでもいいから乗ってみるとよい。走りだしたと思うまもなく、もう国境ではないか。スイスでは数時間、フランスだって西ドイツだって、一日乗れば国外に出てしまう。二日がかりで乗ってもまだ領土のなか、という国は、そう多くない。だから私は、

「日本は広いでしょう。そう思いませんか」

と応じた。

しかし、わが不肖の相棒は、

「こんなに時間をムダにして旅行するのは、はじめてだなあ」

と、別の次元からの感慨を述べ、また居眠りをはじめた。

ほんらいならば、揺さぶり起こして訓戒を垂れたいところだが、藍色の小鬼との旅も、これが最後である。

二年半前、「にっぽん最長鈍行列車の旅」と題して山陰本線の老朽８２４列車に乗っていらい、藍君とともに、いまどき珍しいかたちの旅をしてきた。鉄道と連絡船だけで北海道の北端まで行ってみたし、本州もひとわたり回った。そして、今回の四国、九州行を加えれば、いちおうの完結をみる。

この間、時刻表の使いかたについて藍君は長足の進歩を示し、楽しみかたの一端も覚えた。しかし、ほんらいの彼はクルマ派である。汽車にばかり乗せられれば退屈するだろう。アクビをしたり居眠りをしたりで、わが汽車旅の最良の同行者とは言いがたいが、大目に見ねばなるまい。

ディーゼル急行は、速からず遅からずの足どりで伊予灘の岸を走っている。

すでに二日目の太陽は周防（すおう）灘のかなたに傾き、海面が逆光に輝いてまぶしい。

しかし、きょうの行程は、まだ終らない。

このあと、17時40分着の八幡浜(やわたはま)からバスに乗り、細長い佐田岬(さだみさき)半島を二時間ほど走って、半島の先端に近い三崎(みさき)で一泊する予定になっている。

列車は伊予長浜で海と別れ、左に大きくカーブして肱川(ひじかわ)の谷に入った。まぶしかった太陽が背後へ移り、山陰に消えた。

その太陽がふたたび現れて小盆地が開け、伊予大洲(いよおおず)に停車する。大洲は「伊予の小京都」とされる粋(いき)な城下町で、夏には鵜飼(うかい)がおこなわれるという。まだ鮎(あゆ)の季節には遠いが、泊ってみたい町だ。

私たちの乗っている車両から「フルムーン」らしい夫婦が一組下車した。ちょっと羨(うらやま)しい気がする。

二日目の宿泊地をどこにするかは今回のスケジュールのなかでの争点であった。大洲、八幡浜、三崎、あるいは八幡浜からフェリーで九州へ渡っての臼杵(うすき)などが候補に上ったが、けっきょく三崎に決った。

「夏だったら、この大洲で泊るんだがなあ」

と私。夏でなくても未練は残っている。

「三崎の旅館は何を食べさせるのでしょうねえ。二食つきで五五〇〇円だそうですが」

と藍君。

「ひと晩に二カ所で泊れるといいんだけど」

「いっそのこと、臼杵まで行ったほうがよかったのかもしれませんね」

対話が嚙み合っていないようだが、そうではない。これで通じ合うくらい、私たちは二日目の宿泊地について検討したのだ。


伊予大洲を発車して肱川の広い河原を鉄橋で渡ると、盆地が尽き、山が迫って夜昼峠のトンネルに入る。「夜昼峠」とは樹木が鬱蒼と茂って昼なお暗い峠の意だという。線路のほうは長いトンネルに入ってしまうので、どのくらい暗いのかはわからない。

それより、すでに眼を覚ました藍君は時刻が気になってしようがない。なにしろ、この「うわじま7号」の八幡浜着は17時40分で、三崎行の最終バスの発車は17時45分。五分しかないのである。

「バスは駅前から出るのでしょうか。時刻表には八幡浜駅発となっていましたが」

「さあ、どうですかな」

数年前、八幡浜に立ち寄ったときは駅前広場にバス停があったし、時刻表に「駅発」とあるのだから、大丈夫と断言してよいのだが、きのういらい私は断言しないことにしている。このところ妙に当てのはずれることが多いのである。

「心配だなあ」

「もうちょっと、のんびりできませんかな」

「すみません。それができないんです」

八幡浜駅前の停留所から三崎行のバスは定刻17時45分に発車した。港町の商店街を屈折しながら抜け出ると、ミカン畑のなかの登り道となり、左下に八幡浜港を抱く入江が広がった。これから終着の三崎まで二時間のバス旅である。持参の道路地図によると、八幡浜から三崎までは国道197号線が通じ、四九・五キロと記されている。しかし、この間の直線距離は三〇キロ弱にすぎない。相当に曲りくねった道らしい。

九州へ向って細長く突き出した佐田岬半島は西日本を南北に分かつ「中央構造線」を如実に示す存在だが、海岸線は複雑に入り組んでいる。腐蝕されてボロボロになった長太刀が古墳から出土するが、あれに似た形をしている。

バスは曲りくねりながら伊予柑の段々畑を上り、短いトンネルを抜けては、また段々畑を下る。下りきると鄙びた集落があって何人かの客が下車する。そして、また上りにかかる。

「佐田岬半島とは、こんなところだったのか」

「ミカン畑ばっかりですね」

「アメリカからはオレンジやグレープフルーツをもっと買えと圧力をかけられるし、大変だろうなあ」

思いなしか家々のつくりは貧しく、段々畑も不安げに見える。

ところが、上り下りをくりかえすうちに、突然、きらびやかな町に入った。斬新なデザインの新しい公民館やホテルが建ち、大きなショーウィンドウの並ぶ商店街も華やかだ。突然変異である。

町の名は伊方。

「伊方？　聞いたことのある名だけど」

「そうですね」

「ここだけなぜ景気がいいのだろう」

「あ、原発ができたところじゃなかったですか」

言われて思い出した。伊方原子力発電所。ここだったのかと思う。

きらびやかな伊方を過ぎると、車内の客はまばらになり、集落の数も減って、バスは高い崖のふちに出た。左下は急傾斜で海へ落ち、右上はミカンの段々畑である。前方を見ると、あんなところを走るつもりかと心細くなるような道が崖っぷちを巻いている。

早春の日が暮れてきた。明るいうちに三崎に着けないものかと、いろいろスケジュールを検討してきたのだが、こういうところを走るのなら暗くなってくれたほうがいいとも思う。

紺から黒へと色調を変えた海上に漁火（いさりび）が点々としている。入江の奥に集った家々にも明りが灯（とも）りはじめた。空だけが、まだ青さを残している。

その空が紅に染まり、やがてバスのヘッドライトが照らす白いガードレールと漁火だけになった。

崖に張りつくようにして道路がつくられ、私たちを乗せたバスは黙々と闇（やみ）のなかを走っているが、この先にあるのは岬の果てと海だけではないのか。そんな気持がしないでもない。

けれども、やがて明りの灯る家並が現れ、午後八時すこし前、三崎に着いた。

着いてみれば堂々とした港湾があり、立派なフェリーターミナルの建物もあって、佐田岬の先までたどりついた感じではなかった。しかも、予約しておいた宿はコンクリートの五階建てであった。一泊二食つきで五五〇〇円という値段から私たちは、もっと別のイメージを描いていたのだが。

もっとも、扉（とびら）を開けて中に入れば、気のよさそうなおかみさんが前掛けで手を拭（ふ）き

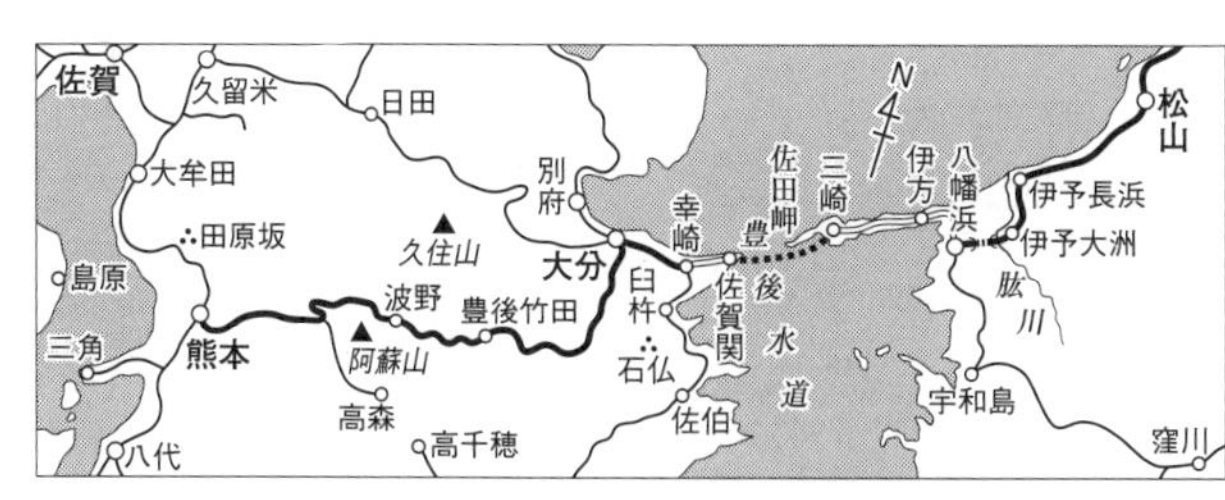

ながら現れて、ビル旅館の気取りはなかった。

一階は小料理屋になっていて、スタンドと二、三脚のテーブルがあり、宿泊客もここで食事をするのだという。

かたわらに生け簀がある。なかを覗くと、伊勢エビ、アワビ、ウニなどが入っている。好物ばかりだが、どれも小さい。伊勢エビなどは一五センチぐらいのが何匹かいるだけである。

もっと大きいのはいないのかと訊ねると、大柄の主人が現れて、

「大将、きょうはダメですわ。大きいのは、みな客が食うてしもた。こんな伊勢エビでは吸物にもならん」

と言う。他に食事の客はいないし、階上客室もひっそりしているが、地方の旅館では旅行者よりも土地の人びとの集会の場として商売が成り立っている場合が多い。大都市のホテルでも結婚披露宴やパーティーの売上げのほうが客室収入を上回るというから、同じ現象ではあろう。

私たちは生け簀から、針をチカチカと動かす小さなウニを三個つまみ上げ、殻を割って、一口ずつ食べた。

用意されていた定食のほうは種類が豊富だった。焼き魚は「カナガシラ」という頭でっかちの魚で、これは身に弾力があって、うまかった。そのほかに何を食べたかは忘れたが、私たちは満腹し、たちまち眠くなった。まだ九時過ぎだが、漁港の夜更けは早い。すでに家々の明りは消え、岸壁に寄せる波の音だけになっていた。

翌三月二二日、木曜日。晴。

一昨日は、東京を発ったときが雪、そのあと晴、小雨、また晴と目まぐるしく天候が変り、きのうも曇、雪、晴と変ったが、三日目のきょうは、すっきりと晴れて、三崎港の背後につらなる伊予柑の段々畑に強い朝日がさしている。

きょうの予定は三崎発9時30分のフェリーで佐賀関に渡り、大分から豊肥本線で阿蘇山を横切り、熊本に至って「中央構造線の旅」を終え、そのあと、球磨川沿いに南下して人吉で泊ることになっている。なかなか変化に富んだコースだろうと思う。

ただし、佐賀関に10時40分に着いてからの乗継ぎに問題がある。佐賀関から約一〇キロ地点にある幸崎という駅から日豊本線に乗って大分に向いたいのだが、幸崎発が11時01分となっていて、わずか二一分しかない。もっと早く佐賀関に着きたくてもフェリーは三崎発9時30分が第一便であり、もっと遅い幸崎発に乗ろうにも13時06分まで列車がない。13時06分発などに乗ったのでは、そのあとが目茶苦茶になってしまう。

佐賀関―幸崎間には国鉄バスがあるが、フェリーに接続していない。かりに好接続であったとしても距離と時間を勘案するに、バスでは11時01分発には間に合わないだろう。とすれば、タクシーに乗るしかない。

私たちの旅はタクシーを利用しないことを原則としてきたが、佐賀関―幸崎間だけはタクシーに乗らざるをえない。

けれども、佐賀関の港にタクシーがいないかもしれない。道路の渋滞も考えられる。わずか二一分で一〇キロ先の幸崎発11時01分の列車に間に合うかどうか。佐賀関―幸崎間は今回の最大の難関であった。

私たちは三崎港の岸壁に立ってフェリーが来るのを待った。時刻表によると、佐賀関を8時00分に出たフェリーが9時10分に三崎に着き、9時30分発となって引返すらしい。

ところが、フェリーは八分遅れて9時18分に着岸した。とすると、佐賀関到着も遅れるかもしれない。マイカーやトラックの客にとっては多少の遅れなどどうでもいいことだろうが、当方にとっては五分の遅れでも致命的だ。

遅れて到着したフェリーは船首の蓋（ふた）をゆっくり、ゆっくりと持ち上げる。そう見えるのは私たちの気が急（せ）いているからだろうが、トモ綱を操作する船員たちの動作は明らかに緩慢だ。服装は国鉄職員に似ていかめしいのだが、一昨日乗った伊勢湾フェリーや、きのうの南海フェリーの船員のようにキビキビしていない。

このフェリーは日本道路公団が運航している。地図によれば、八幡浜―三崎間の国道は197号線で、佐賀関―大分間も同じく197号線となっている。一本の国道と見なして道路公団がフェリーを運航しているのだろうか。

「民営とちがって公団のフェリーはタルんでるなあ」

と、私たちはイライラしていたが、さいわい下船、乗船ともに搭載車は少なく、九八六トンの豊予丸は定刻9時30分に岸壁を離れた。

前方には九州の山々が霞んでいる。

飛行機や新幹線で行くと何の感動もなしに、あっけなく九州に着いてしまうけれど、こうしてジワジワと接近すれば、はるばる筑紫へ流された往時の人びとの心情が偲ばれるような気もする。

三崎港が遠ざかり、右舷に佐田岬半島を見送ると速吸瀬戸、別名豊予水道にさしかかる。潮の流れの速いことで知られる海峡である。

海面はヌメるように穏やかだが、甲板に立って進路を眺めると、一線を境にしてその向うは白波が騒いでいる。おなじ海水なのに、なぜこうも画然と分れるのかと思う。

その白波の立つ海面に進入すると、とたんにフェリーが揺れはじめた。しかし、そうしたところが好漁場なのであろう、三角帆をかけた一人乗りの小さな漁船が何十艘と集り、上下左右に激しく揺れながら糸を操っている。カモメも群がっている。

左舷前方に佐賀関のシンボル、日本鉱業製錬所の大煙突が近づき、海面も静まって、フェリーは佐賀関港を抱く湾内に入った。どうやら定刻10時40分には着岸しそうである。

早くから下船の仕度をととのえ、甲板から前方を凝視していた藍君が、

「タクシーがいます。一台、あ、もう一台います」

と言う。

「それはよかった」

「でも、急がないとほかの客が乗っちゃうかもしれませんね」

「二台あるのなら大丈夫でしょう」

「着いたら先頭をきって走ります」

「走るのなんてイヤですよ」

「いえ、私だけ走ってタクシーを確保しておきます」

「走ったりすると足を踏みはずして海へ落っこちますよ」

「私はスケジュールが気になってしょうがない性分なのです」

「それはわかっているけれど、タクシーに乗り損なったら臼杵の石仏でも見物して、

つぎの汽車で行きましょうや。そのほうが面白そうだ」

「困るなあ」

しかし、駆け出すこともなく無事タクシーに乗りこんだ。道路も空いていて、幸崎駅に着いたのは発車の五分前であった。

幸崎発11時01分、大分着11時24分。

大分での接続も良すぎるほどで、待つほどもなく別府始発の熊本行急行「火の山4号」が入ってきた。この列車の大分発は11時31分である。

「急行なのに、たった三両なんですねえ」

と藍君が言う。時刻表の「列車の編成ご案内」欄には「火の山」は掲載されていない。

「火の山」とは阿蘇を通るからで、かつては新婚旅行や観光客で華やいだ列車だった。けれども、別府と阿蘇を結ぶ「やまなみハイウェイ」が開通してからは凋落の一途をたどり、新婚旅行は海外への時代になって、ますます拍車がかかった。長大だった車両編成は削減され、グリーン車も連結されなくなった。

落ちぶれた急行「火の山4号」は大野川の谷を遡って阿蘇へと向う。ときどき溶岩の崖が現れるが、車窓は概して平凡な山村風景である。

今年は異常なほどの厳冬で春の訪れが遅く、二日前には東京でも雪が降ったほどだったが、きょうは快晴の九州に来ている。窓からさしこむ陽光は正に春のもので、よく居眠りをする藍君はもちろん、私もトロリトロリとしていると、豊後竹田に停車した。ホームのスピーカーが「荒城の月」を流している。滝廉太郎が少年時代を過した小さな城下町である。

列車は阿蘇外輪山の斜面をカーブしながら上り、ときに深く刻まれた谷を渡る。右窓には久住火山の峰々の雪が輝いている。

上るにつれて畑や民家は消え、牧場が点在する荒蕪地になる。凹地には、まだ雪が残っている。

「九州で一番高い高原の駅。海抜七五四米」の標柱の立つ波野を過ぎると、阿蘇外輪山を貫く長いトンネルに入る。

それを抜ければ外輪山の内壁で、列車は切り立った溶岩の崖に張りつきながら下る。連続する短いトンネルの合間から火口原が見下ろされる。

九州の汽車旅では、この阿蘇山を横切るあたりがとくに楽しい。南には噴煙を上げる中岳その他の中央火口丘、北には外輪山の内壁が屏風のようにつらなって雄大である。だから、いいぞいいぞと藍君に言いながらやって来たのだが、あいにく中央火口丘群の姿が、いまひとつ冴えない。カヤに被われて、ふっくらと盛り上っているはずなのに、残雪のためにマダラ禿げの平凡な山容になっている。

外輪山の西側を大きなスイッチバックで抜ければ、あとは熊本への坦々とした下り勾配である。阿蘇の山なみが後方に遠ざかり、団地や工場が現れて、14時57分、熊本に着いた。

「これで中央構造線の旅は終りましたね。ご苦労さま」

「スケジュールどおりに熊本に着いてホッとしました」

「東京から熊本まで何回乗りかえたのかな」

「きょうのタクシーを含めると一八回です」

「それだけ乗継いだのに汽車も船もバスも一つとして遅れなかったとは、すごいじゃないですか」

「当然だと思ってますけど」

「いや、そうでもないんだが」

私が一人で旅行すると、しばしば列車が遅れる。信号機が故障したり、踏切事故があったりする。ところが、藍君との旅においては今回にかぎらず一度もスケジュールの狂ったことがない。

「こうも順調にいくと、なんだか物足りない」

「コーヒーでも飲みませんか」

駅の食堂でコーヒーを飲み、熊本発15時39分の急行「えびの5号」で人吉へ向う。今夜は人吉温泉で泊り、あすは鹿児島まで下って、寝台特急「はやぶさ」で東京へ帰る予定である。なぜ鹿児島まで行くかというと、日本最長距離列車の「はやぶさ」の全区間を乗り通してみたいからであった。

「人吉の旅館は上等なのを予約しておきました。これが最後ですから」と藍君は言っていた。そして「はやぶさ」はB寝台でなくて「個室」。最後の旅の終りは豪華に演出されている。

熊本から三〇分ほど走ると八代に着き、ここで鹿児島本線と分れて肥薩線に入る。肥薩線は人吉まで球磨川に寄り添っている。車窓から日本三急流の一つを堪能できる線だが、ダムや発電所が随所にできて、昔の面影はない。しかも、対岸には国道219号線が通じ、コンクリートの護岸が風致を害している。

「あの道路が目障りでしょうがない」

と私は言った。

「車から眺めたほうが谷の景色はきれいですね。大歩危小歩危もそうでした」

と藍君。

じっさい、道路から対岸の単線鉄道を眺めると、路盤の幅は狭く、護岸の石積みも小規模で古び、景色に溶けこんでいる。車より鉄道が好きとは運のわるいことだ。

その球磨川の谷が開け、盆地に入って17時10分、人吉に着いた。

人吉の宿は球磨川に面し、通された大きな部屋のカーテンを開けると対岸に城跡の石垣が見えた。人吉は城と温泉を兼ね備えた数少ない町の一つである。

私たちは城跡を散策し、武家屋敷に立ち寄り、橋の上から夕日を眺めた。

考えてみると、藍君と「観光」をしたことはない。いつも汽車に乗りづめで、あとは夜の町をぶらつくぐらいが精々であった。もうちょっと観光の要素を加えてもよかったかな、と思う。

三月二三日、金曜日。

球磨川の川面を匍う朝靄を眺めていると朝日が上ってきた。空が青い。きょうも快晴らしい。

人吉発7時40分。ディーゼルカー一両の吉松行である。

人吉─吉松間は、鉄道の好きでない人にとっても楽しめる区間ではないだろうか。約一時間というのも手頃だ。

まずループ線がある。太陽がグルリと一回転し、眼下の人吉盆地が右左する。そのループ線の途中に「大畑」という駅がある。これはオコバと読む。コバとは焼畑の意だという。降りてみたくなるような爽やかな高原の駅である。

つぎに「八岳峠の大観」があって、熊本・宮崎の県境のトンネルを抜けると、広い谷を隔てて霧島連峰の全容が望まれる。北海道の狩勝峠の展望が新トンネルの開通によって失われた現在、この矢岳峠の景観と篠ノ井線の姥捨からの長野盆地俯瞰を車窓の白眉とするのが「定説」になっている。

霧島連峰を左窓に眺めながら下って行くと、真幸というスイッチバック駅がある。よく手入れされた植込み、敷きつめられた小粒の砂利。しかも、その砂利には整然とした波目がつけられている。耕うん機の歯を再活用した「熊手」で駅員が波目をつけるのだというが、まるで龍安寺の石庭だ。ホームに降りてみたくても懼れ多くて降りられない。

真幸は列車の行きちがいのために設けられた山間の小駅で、乗降客がいないからこんなことができるのだろうが、異色の清潔な駅である。駅員たちが直立不動の姿勢で列車を見送ってくれるのもよい。

鹿児島県に入って、吉松着8時38分。都城方面へ向う吉都線との接続駅である。

吉松で8時56分発の西鹿児島行に乗りかえる。こんどはディーゼルカー三両であった。

鹿児島特有のシラス台地の白っぽい崖をかすめ、直線区間のほとんどない曲りくねった線路を一時間ばかり下ると、前方に桜島の噴煙が望まれて隼人に着く。

隼人は肥薩線の終点だが、列車は日豊本線へ直通する。終着の西鹿児島まで、あと四四分である。四日がかりで、とうとう鹿児島まで来た。東京は雪だったが、ここは紛れもなく春で、窓からさしこむ陽光は初夏のそれですらあった。

ディーゼルカーは錦江湾に沿って走る。

逆光で青黒い桜島とその噴煙が近づいて、左窓いっぱいに広がった。

右窓にはシラス台地の典型とされる吉野台地が被いかぶさるように迫って、見上げると首が痛くなる。右も左も眺めは豪快だ。

島津久光がつくった磯庭園を右に見て、鹿児島に着く。しかし、この駅は市街の北はずれで、実質的にはつぎの西鹿児島が市の中心駅になっている。

城山の下を短いトンネルで抜けると市街地になり、ビルが立ち並んで、10時48分、西鹿児島に着いた。

つぎに乗るのは最終ランナーの「はやぶさ」であるが、12時20分の発車なので時間がある。私たちはコインロッカーに荷物を入れ、市電で繁華街の「天文館通り」へ行ってラーメンを食べた。豚骨でダシをとり、醤油は使わないというラーメンで、淡白さのなかにもコクがあり、うまかった。

西鹿児島駅のホームは賑わっていた。

高校生とその見送り人が目立つのは三月末の就職シーズンだからであろう。妹かガールフレンドか、ハンカチを眼に当てる少女もいる。

寝台列車、いわゆるブルートレインは飛行機に客を奪われて淋しい状態になっている。しかし、きょうはそうでない。往年の活況を偲ばせる。この「はやぶさ」にしても、博多あたりまではガラ空きが常なのだが、すでに各寝台車とも定員の半数ぐらい乗っている。

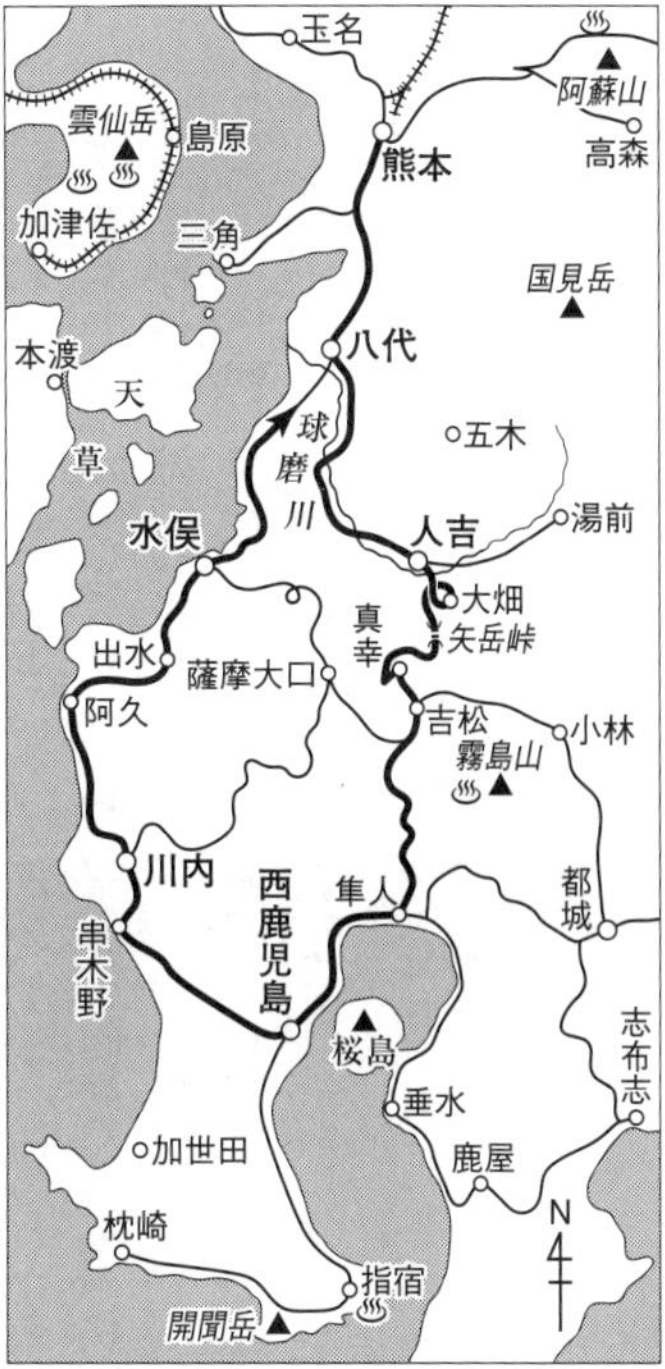

個室寝台は1号車で、片側に通路があり、櫛形に一四室並んでいる。

三段式のB寝台では定員が約五〇名、二段式でも三四名だから、抜群の贅沢さだが、けっして広いわけではない。いたずらに天井のみ高く、幅の狭いソファー式ベッドに坐って脚を伸ばせば壁につかえる。

けれども、窓際には洗面台があって、蓋をすれば机になるし、なによりも通路との境に扉があって、要するに個室であるのがよい。

「これが個室寝台ですか。案外狭いんですね」

と、7号室におさまった藍君が内部を見回しながら言う。

「だから個室じゃなくて独房だと言ったでしょう」

「でも、やっぱり快適です」

「それならいいけれど」

定刻12時20分、寝台特急「はやぶさ」は西鹿児島駅を発車した。これから東京まで一五一五・三キロ、所要時間は二二時間一〇分。距離、時間ともに日本最長の列車である。

「さて、あしたの朝一〇時半に東京に着くまで、ここで暮すとしますか」

「とりあえず、どうしますか」

「まず昼寝をして」

「そうですか」

「昼寝じゃいけませんか」

「ぼく、もう二度と個室寝台に乗る機会がないような気がするのです」

「どうして?」

「そんな気がするのです。でも、どうぞお寝(やす)みになってください」

一時間半ばかり昼寝をして廊下に出ると、7号室の扉が開いていて、藍君がしょんぼりと外を眺めているのが見えた。

東京行の寝台特急「はやぶさ」は不知火(しらぬい)海の岸辺を走っている。その向うには天草の島々が霞(かす)んでいた。

あとがき

本書に収めた一〇篇は「小説新潮」の昭和五七年一月号から五九年七月号にかけて飛び飛びに掲載されたものである。

一〇篇のうち「東京—大阪・国鉄のない旅」以外は、かねてから乗りたいと思いつつ機会のなかった列車の乗車記、あるいは念願のコースによる紀行である。

毎回同行してくれた編集部の藍孝夫氏は、文中で記したごとく非常に特色ある人物で、計画の段階から旅行が終るまで何かにつけて刺激を受けた。感謝に堪えない。

ここに登場した列車のうち、昭和五九年二月からの新ダイヤによって「にっぽん最長鈍行列車の旅」の山陰本線824列車は出雲市止りとなり、また「紀伊半島一周ぜいたく寝台車」の老朽B寝台車も連結されなくなった。楽しい列車や車両が合理化の名のもとに消えていくのは淋しいかぎりで、挽歌になってしまった。

（一九八四年九月）

解説　「はやぶさ」の時代を過ぎて

今尾　恵介

「旅の終りは個室寝台車」とは、2年半にわたった連載の最終回のタイトルである。昭和53年（1978）に『時刻表2万キロ』でデビューして3年と少々、脂の乗りきった頃であろう。「にっぽん最長鈍行列車の旅」に始まり、「東京—大阪・国鉄のない旅」「紀伊半島一周ぜいたく寝台車」「雪を見るなら飯山・只見線」などなど、毎回魅力的なテーマが設定されている。

この最後の旅は中央構造線になるべく忠実に沿って旅しようというもので、渥美半島から紀伊半島に渡り、淡路島をかすめて四国の小松島に上陸、佐田岬半島から大分県の佐賀関、阿蘇から熊本へという、地理好きには実に興味をそそられるルートだ。その帰路を豪勢に個室寝台車で、といった程度の意味で個室寝台についての描写はわずかなのだが、

東京行の寝台特急「はやぶさ」は不知火海の岸辺を走っている。その向うには天草の島々が霞んでいた。

最後に記されたこのくだりを読むと、すでに「はやぶさ」なき今、この風景はもう再現されることがないのかと改めて感慨深いものがある。飛行機と新幹線と高速道路の時代は、日々ひたひたと全国にひろまり、「均衡ある発展」をもたらしつつも、一方で不知火海の岸辺を味わう楽しみを人々から遠ざけた。

宮脇さんの旅は、押し寄せる近代化に取り残されたところを好んで選んだため、単行本になった段階ですでに姿を消した列車もあり、その「あとがき」でも「楽しい列車や車両が合理化の名のもとに消えていくのは淋しいかぎりで、挽歌になってしまった」と記している。

それから早くも四半世紀が過ぎた。

昭和57年（1982）1月号から同59年の連載というから、まん中あたりの昭和58年7月号の時刻表（交通公社）を書棚から取り出してみた。表紙には今は別のところに保存されている山陰本線の二条駅（京都市）が大写しで、その前でいかにも旅行を満喫するご婦人方4人の破顔一笑の瞬間をうまく捉えている。

左下には「いい日旅立ち　DISCOVER JAPAN 2」のロゴマーク。かの山口百恵さんが歌っていた。さんざん「親方日の丸」と批判されていた国鉄も、結構がんばってキャンペーンを張っていたのだ。世の中も「事業仕分け」を云々する必要などあまり感じていなかったのか、何事も今より鷹揚でのんびりしていた気がする。

「未明の青森の町は寒く暗いが、青森駅のホームだけは煌々と明るい。
その明るいホームに二本の特急列車が入線している。2番線が東北新幹線に接続する「はつかり2号」盛岡行、4番線に停っているのが、わが「白鳥2号」大阪行である。かつては、このほかに常磐線回り上野行の「みちのく」があり、三本の特急が並んで壮観だったが……」（青森―大阪・特急「白鳥」七変化）

青函連絡船を下りて未明の青森駅のホームで目にしたこんな光景も、鉄道旅行好きなら思い出の中ではハイライトの位置を占めており、懐かしくて涙が出そうになる描写だ。それにしても、いろいろな列車がなくなり、路線が廃止されたものだ。乗り換え客で賑わっていた駅も、今は雑草に覆われた空き地になっているものが少なくない。かつて現在進行形だった宮脇さんの旅も、すでに歴史上の出来事になってしまった感を深くする。

私事だが、本書に登場する『小説新潮』の元編集者の藍さんに最近、面識を得た。新潮社で1年以上にわたって監修した『日本鉄道旅行地図帳』の校閲を担当していただいたのである。初対面の時はなんだか無愛想なおじさんだなと感じたが、仕事は徹底していた。地図上の膨大な情報をことごとく点検し、しんにょうの点の数や「渚」の点の有無、廃線の線路のつながり方に至るまで詳細にチェックし、その結果である赤字・青字に満ちた校正紙を、夜半にふらりと「地図帳部屋」に現われては、にこりともせずに机上に載せていく。

河出文庫の解説に新潮社のことを書くのはちょっと気が引けるが、同社員から聞いた「藍さん伝説」によれば、とにかくどんな高名な作家でも躊躇なく直言する人で有名だという。本書でも最初の方に宮脇さんと藍さんのやりとりが再現されている。

「昨年の暮に書いていただいた『東京駅　素顔の24時間』が案外に好評でして……」

「案外に、ですか」

「はあ、私はそうも思わなかったのですが、案外に評判がよくて、それで、また何か書いていただこうということになったのです」

宮脇さんは、このまったく媚びない編集者に、きっと何か通じるものを感じたに違いない。『時刻表2万キロ』で華々しくデビュー、すでに有名作家、まして中央公論社の名編集者で聞こえた宮脇さんに「案外に」と憶せず話せる人だからこそ、同行者がつとまったのだろう。「ご説ごもっとも」と拝聴するだけの人とでは退屈に違いない。

中央構造線の旅でも、長い時間をかけて何度も船や列車、それにバスを乗り継いでも、まだまだ日本国内であることに感動を覚えつつ、「日本は広いでしょう」と問いかけると、

「こんなに時間をムダにして旅行するのは、はじめてだなあ」

言いたいことだけ言って、藍君はまた居眠りをはじめた。

宮脇さんはいつも、「ただ乗るために鉄道に乗るモノ好き」に自ら呆れ、そのヘンな行いを一歩離れた視線から楽しんでいる風があった。その阿呆なことの魅力を、藍さんという、非鉄道マニアにして一風変わった編集者のキャラクターを通して、実にうまく読者に伝えてくれる。このあたりが宮脇さんの文章の魅力ではないだろうか。

急いで付け加えるが、「夕靄の匍う静かな湖面に定置網の魞（えり）が傘の形を描いている」（湖西線を走る特急「白鳥」から琵琶湖を望む）のように、あっという間に通り過ぎてゆく車窓風景を一幅の墨絵のように描ける技が背景にあるからこそ、読者の「旅心」を捉えてやまないのであるが。

（地図研究家）

＊本書は一九八四年十月に新潮社、一九八七年六月に新潮文庫、二〇一〇年三月に河出文庫より刊行された。
＊地図作成：小野寺美恵

新装版
旅の終りは個室寝台車

二〇一〇年 三 月二〇日 初版発行
二〇二二年 六 月一〇日 新装版初版印刷
二〇二二年 六 月二〇日 新装版初版発行

著　者 宮脇俊三
発行者 小野寺優
発行所 株式会社河出書房新社
〒一五一－〇〇五一
東京都渋谷区千駄ヶ谷二－三二－二
電話〇三－三四〇四－八六一一（編集）
〇三－三四〇四－一二〇一（営業）
https://www.kawade.co.jp/

ロゴ・表紙デザイン 粟津潔
本文フォーマット 佐々木暁
印刷・製本 中央精版印刷株式会社

Printed in Japan ISBN978-4-309-41899-5

時刻表2万キロ

宮脇俊三　47001-6

時刻表を愛読すること四十余年の著者が、寸暇を割いて東奔西走、国鉄（現ＪＲ）二百六十六線区、二万余キロ全線を乗り終えるまでの涙の物語。日本ノンフィクション賞、新評交通部門賞受賞。

汽車旅12カ月

宮脇俊三　41861-2

四季折々に鉄道旅の楽しさがある。１月から12月までその月ごとの楽しみ方を記した宮脇文学の原点である、初期『時刻表２万キロ』『最長片道切符の旅』に続く刊行の、鉄道旅のバイブル。（新装版）

終着駅へ行ってきます

宮脇俊三　41022-7

鉄路の果て・終着駅への旅路には、宮脇俊三鉄道紀行の全てが詰まっている。北は根室、南は枕崎まで、二十五の終着駅を目指す「行き止まりの旅」。国鉄民営化直前の鉄道風景が忘れ去られし昭和を写し出す。

終着駅

宮脇俊三　41122-4

デビュー作『時刻表２万キロ』と『最長片道切符の旅』の間に執筆されていた幻の連載「終着駅」。発掘された当連載を含む、ローカル線への愛情が滲み出る、宮脇俊三最後の随筆集。

ローカルバスの終点へ

宮脇俊三　41703-5

鉄道のその先には、ひなびた田舎がある、そこにはローカルバスに揺られていく愉しさが。北海道から沖縄まで、地図を片手に究極の秘境へ、二十三の果ての果てへのロマン。

ちんちん電車

獅子文六　41571-0

品川、新橋、銀座、日本橋、上野、浅草……獅子文六が東京を路面電車でめぐりながら綴る、愛しの風景、子ども時代の記憶、美味案内。ゆったりと古きよき時代がよみがえる名エッセイ、新装版。

著訳者名の後の数字はISBNコードです。頭に「978-4-309」を付け、お近くの書店にてご注文下さい。